AF607452

Dani Benítez

MI HISTORIA LA CUENTO YO

Biografía escrita con Héctor García

Aliarediciones

Corrección: Inés González Calo
© Fotografía de portada: José Andrés
Diseño de cubierta: Laura S. Ayuso
Maquetación: Aliar Ediciones

Segunda edición : abril 2024
Depósito Legal: GR 394-2024
ISBN: 978-84-10155-69-5

Impreso en España

Edita
ALIAR Ediciones
www.aliarediciones.es
info@aliarediciones.es

Dani Benítez

MI HISTORIA LA CUENTO YO

Biografía escrita con Héctor García

«Mucha gente no me entiende, pero es porque no me conoce».

Voy a reventar el móvil contra la pared.

Tengo una cascada de mensajes que me hablan del titular de la última entrevista que hice. Un titular que amenaza con llevarme de nuevo a mis peores momentos. Por suerte, consigo pararlo. Me centro en respirar. Después, solo quiero una cosa: desaparecer. Ojalá tuviera el poder de evaporarme por un tiempo para evitar la enorme tormenta que tengo encima de mí.

Decidí dar la entrevista, aunque no estuviera del todo seguro al principio. No quería hacerlo porque habían sido tantas entrevistas tergiversadas a lo largo de mi vida que ya no tenía sentido hacerlo. Sabía también que, en una sola entrevista, me sería imposible explicarme y abrirme para contar todo lo que me ha pasado. A pesar de esas dudas, finalmente me convenció la promesa del periodista de darle un enfoque más humano. Eso hizo también que quisiera sincerarme más. Sentía que debía contar cosas públicamente a toda esa gente que se ha preocupado por mí y me ha mostrado su cariño.

Sin embargo, ha vuelto a ocurrir. Sé que a todo el mundo, cuando lea el titular, después no le importará nada de lo que se diga en la entrevista. Ha pasado muchas veces antes. Volverán a especular sin saber nada de mí o de mi vida. Estoy cansado de eso.

Han pasado unas horas y vuelvo a ver el móvil. Lo hago con mucho miedo de enfrentarme a los mensajes. Por suerte, la mayoría de ellos son de mis amigos y gente que me quiere. Me piden que no me derrumbe ante un titular que solo busca generar una curiosidad en el lector. Sé que el medio que ha publicado la entrevista se llenará de visitas. También de seguidores y comentarios sobre mí en sus redes sociales. Ya pasó antes también. Sin embargo, ellos no han pensado en todo el daño que me harán con su propio beneficio.

Las horas siguientes a la publicación de la entrevista son incluso mucho más difíciles. Desafortunadamente, no he podido desaparecer. No tengo ese poder. Sigo aquí, de vez en cuando ojeando el móvil. Por supuesto, me mantengo alejado de las redes sociales. No quiero acercarme a ese mundo muchas veces tan oscuro en momentos de tanta debilidad para mí.

Sigo igual según van pasando los días. Apenas miro el móvil. Casi tampoco atiendo llamadas. Pero me llama la atención un número que no conozco, aunque mi enfado me ha llevado a sospechar de todo lo desconocido. Aun así, cojo la llamada y hablo con la persona que está al otro lado del teléfono.

Acaba la llamada, y en mi cabeza se queda flotando la conversación que he tenido.

«¿Por qué no?», me pregunto durante un par de días, que terminan con una decisión: «Lo voy a hacer».

Ya no habrá más entrevistas con ningún medio. Se han acabado. He decidido que seré yo quien cuente mi historia. No solo será un relato sobre fútbol, sino de mi vida, porque ambos mundos están conectados. Estoy decidido a contar todo lo bueno que me ha pasado. Un futbolista que jugó en primera división, que vivió momentos inolvidables en el Granada o que estuvo cerca de firmar por un gran equipo en España. Pero también lo peor. Un jugador que lanzó una botella a un árbitro en un partido ante el Real Madrid o que dio positivo en un control antidopaje por consumo de cocaína.

Lo haré porque quiero que la gente conozca que detrás de todo eso hay una historia personal y muchas cosas que contar. Soy de carne y hueso, como cualquier otra persona. Pero, por encima de todo, quiero contar mi historia porque me gustaría que sirviera para ayudar a mucha gente que ha cometido muchos errores en su vida. Como yo.

Mi madre, mi gran soporte, siempre me decía: «En esta vida hoy puedes tenerlo todo y mañana no tener nada. Pero no por eso eres mejor o peor persona. Ni se acaba tu vida».

Estoy seguro de que todo lo que me ha pasado me ha enseñado a aprender cosas cada día. Las experiencias malas también han sido positivas para mí, porque de ellas he aprendido a levantarme. Tengo una mochila cargada en mi espalda. Aprendizaje y experiencia para afrontar la vida. Eso es lo que hay en mi mochila. Yo lo llamo «Máster», los «Másteres de la vida».

Suele decirse que las personas no cambian, pero la persona que realmente quiere cambiar, tanto para bien como para mal, lo hace. Yo he cambiado para bien.

Después de terminar de escribir mi historia, la gente seguirá opinando sobre mí. Pero lo harán tras conocer mi vida a través de mis palabras. No de comentarios de otros, ni de titulares en la prensa. Así podrán juzgarme realmente como soy. Solo espero que no me machaquen por ello, y sí que entiendan mis errores. Es lo que quiero para mí, pero también para todas las personas que alguna vez han estado en lo más hondo. Creo que este mundo necesita mejores personas y más amor. Y si este libro puede ayudar a conseguirlo, estaré orgulloso de ello. Sé que la tormenta sigue ahí. Pero esta vez me voy a adentrar en ella. Quiero dominarla.

La isla

1

Estoy nervioso, pero a la vez muy contento. Es mi primer partido con el Pol Capó.

—¡Tu debut oficial! —me dice mi madre con una gran sonrisa en la cara.

No importa que a ella no le guste el fútbol. Está muy feliz por mí. Y para ella eso es lo más importante. Voy a jugar como portero. Me visto con un pantalón largo de color negro y la camiseta es amarilla y azul. Como lo hace Carlos Busquets, portero del Barcelona. Me encanta Busquets y todavía más su manera de vestir en el campo. Me he hecho aficionado del Barcelona por mi amigo Miguel Ángel y su padre. El padre de Miguel Ángel, curiosamente, tiene un gran parecido a Hristo Stoichkov, una de las grandes estrellas del Barça. Flequillo corto y media melena. Los dos son auténticos locos del Barcelona. Sobre todo, su padre. Organiza la agenda familiar en función del fútbol. Si juega el Barça y lo echan por la tele, ese día solo hay una cosa: su Barça.

Estoy seguro de que hasta sería capaz de perderse la boda de su hijo por un partido del Barça. Pero en casa de Miguel Ángel también se ve más fútbol, además de los partidos del Barcelona. Y casi todos los días. Su padre graba cualquier partido en televisión para después verlo con nosotros entre semana. Hemos hecho del sofá de su casa nuestra particular tribuna.

El padre de Miguel Ángel es también el entrenador y el presidente del Pol Capó. Una figura omnipresente. De hecho, el nombre del equipo son sus apellidos: Pol Capó. Lo veo normal. Él ha montado el equipo para que los niños de seis y siete años de Lloseta pudiésemos jugar al fútbol federados contra otros niños de Mallorca.

El campo donde voy a hacer mi debut oficial es una pista de fútbol sala. Es de asfalto, rectangular y tiene dos porterías. Como todos los campos de fútbol sala, sí, pero para mí es la primera vez que juego en un campo «oficial». Nada que ver con el «Quesito». Así llamamos mis amigos y yo al parque debajo de la casa de Miguel Ángel, justo al lado de la peluquería de su madre. Lo llamamos así porque tiene forma triangular.

En el «Quesito», la portería es un columpio y el campo es de tierra. No hay más, pero es más que suficiente para nosotros. Paso más horas ahí que en mi casa. Tengo seis años y vivo por y para el fútbol. Solo me separan del balón las horas de clase en el colegio, donde espero con ansia que llegue la hora del recreo para seguir jugando al fútbol.

A todos mis amigos les pasa lo mismo, pero ninguno de ellos lleva un balón todo el día con él, como sí hago yo. Cualquier cosa me vale para rematar a puerta o hacerme una pared. Si veo la puerta de una cochera, me imagino que soy un delantero del Barça y voy a marcar un gol en el Camp Nou. Si veo una pared, entonces creo que es un compañero que me devolverá mi pase. De hecho, la gente de Lloseta me conoce por eso.

«¿Dani? Sí, el niño que siempre está con un balón». Es lo primero que dicen para referirse a mí. Lloseta es un pequeño pueblo de interior de Mallorca. Tan pequeño que se cruza de una punta a otra en un ligero paseo. Alrededor, solo hay campo. Que el pueblo sea pequeño nos convierte casi en una gran familia. Mucha gente ha venido a vernos jugar. Se colocan alrededor de la pista, curiosos por ver nuestro primer partido de la temporada. El primer partido federado de un equipo de niños que apenas levantan un palmo del suelo y con camisetas varias tallas más grandes. Cuestión de recursos. Las camisetas nos valen ahora, pero también para al menos los dos próximos años.

—Y el que pegue un estirón y no le valga, tendrá que comprar una nueva —nos avisa el padre de Miguel Ángel.

Entro en la pista y camino hacia mi portería. Voy seguro y con la cabeza mirando al frente, como hace también Busquets cuando lo veo por televisión. Bajo palos, me llama la atención que el óxido se ha comido la mayoría de la pintura de la portería. La red también está descuidada. Miro bien y veo que en una esquina hay un agujero por el que me entra la mano de sobra. «Y si el balón se sale por ahí, ¿valdrá el gol?», me pregunto.

El primer disparo que me llega del rival no lo paro con las manos. Busquest es un portero que en algunas ocasiones bloquea los disparos con los pies o el pecho. También le gusta participar como un jugador de campo en muchas ocasiones. Como si se tratara de un central, sale con el balón desde atrás y después lo pasa a un compañero. Yo hago todo eso que hace Busquets. Sin embargo, después no paso el balón a ninguno de mis compañeros. Me quedo con él y me voy hacia adelante sorteando a cada jugador que me sale al paso. A la izquierda, a la derecha, por el centro... Si alguien dibujara un mapa de mis movimientos sobre el campo, estoy seguro de que sería un auténtico caos. Líneas que se cruzan sin ningún orden.

Cuando me doy cuenta, he regateado a todo el equipo contrario desde mi portería. Lo último es chutar para marcar. En el siguiente disparo, repito la misma acción. No estoy jugando en el «Quesito», pero sí hago lo mismo: regatear y regatear hasta marcar.

Mi primer partido como portero lo termino con varios goles marcados. La gente se queda sorprendida de mis habilidades como jugador. Nadie habla de mis posibilidades como portero. Pero yo sigo queriendo jugar como portero. Mi equipación, como la de Busquets, bien merece la pena seguir haciéndolo. Sin embargo, mi futuro como portero apenas dura unos pocos partidos más.

El padre de Miguel Ángel, que también es el entrenador del equipo, por supuesto, es el que toma las decisiones. Me pone de defensa. No puedo decir que no. Se acabó el pantalón negro y la camiseta azul y amarilla para jugar de portero. Al menos encuentro consuelo en que desde la defensa puedo seguir cruzándome el campo entero, regatear a todo el equipo rival y marcar goles.

2

—Nos vamos a vivir a Inca.

Las palabras de mis padres me dejan helado. Me cambio de pueblo. Mudarme es lo peor que puede pasarme en mi vida. Lo tengo que dejar todo. A mis amigos y al Pol Capó. Al menos seguiré viendo a Miguel Ángel todos los días, porque vamos juntos al colegio. Aunque vivimos en Lloseta, a mí ya me queda poco de estar aquí, nuestro colegio está en Inca. Mi padre es quien nos lleva a los dos en su coche. Mi madre me prepara la mochila y el desayuno para el recreo. Abajo espera mi padre en el asiento del conductor. Siempre con rostro serio y sin decir una sola palabra. No es por madrugar. Mi padre es así. Un tipo difícil para establecer relaciones. También conmigo. Su carácter avinagrado y las broncas porque no quiere que juegue al fútbol me han distanciado mucho de él. Una vez montados los dos en el coche, pasamos a buscar a Miguel Ángel. Las mañanas que no puede mi padre por el trabajo, lo hace el de Miguel Ángel, el «Stoichkov de Lloseta». En los viajes en coche al colegio, poco más de diez minutos, Miguel Ángel y yo aprovechamos para echar una cabezadita. Es el mejor momento de la mañana. Pero en Inca me quedaré sin esa cabezadita. No habrá más coche para mí.

Ya mudados en Inca, el camino al colegio lo hago a pie. Cuarto de hora para ir. En la puerta del colegio me espera Miguel Ángel, después de que él sí se haya echado la cabezadita en el coche. Yo le envidio por eso. La vuelta a casa también la hago a pie. Ambos trayectos son siempre iguales. Voy con mi balón y sin mis padres.

Mi madre apenas tiene tiempo para mí con los diferentes negocios en los que se va metiendo. Desde que hemos llegado a Inca está con un restaurante. Pero al menos el rato que puede pasar conmigo, su dedicación es exclusiva. Hasta que nace mi hermano Juan José. Mi padre incluso pasa menos tiempo en casa. Y en las temporadas de verano, ni siquiera lo veo. Durante tres meses se instala a trabajar y vivir como *maître* en jornadas maratonianas en un hotel en Alcudia. Un pueblo de playa en Mallorca en el que los turistas disfrutan de sus vacaciones mientras la gente del interior de la isla, como mi padre, gana el dinero suficiente para tirar todo el año.

Las personas que se hacen cargo de mí son mis abuelos paternos. Pero estoy acostumbrado a que sea así. Cuando vivía en Lloseta, lo hacían mis abuelos maternos. A mí me gusta pasar tiempo en casa de mis abuelos, me da igual cuáles. Me dan casi todos los caprichos que les pido. Pero, sobre todo, me gusta estar en casa de mis abuelos en Inca porque viven cerca del estadio donde juegan los dos equipos del pueblo: el Constancia y el Juventud Sallista. Dos equipos muy unidos a la vida e historia de la gente.

Bajo a jugar a la calle que hay debajo de la casa de mis abuelos. Es una calle estrecha en la que no pasan coches. Ahí paso mucho tiempo pegando pelotazos a una cochera de un vecino que utilizo como portería. Los mejores días son los domingos. Mientras juego, escucho los ruidos del partido que se juega en el campo. La gente gritando, el silbato del árbitro, la alegría de un gol... Sueño algún día con jugar en ese campo. A todo el mundo se lo digo cuando me preguntan qué quiero ser de mayor. Instalado en Inca tengo una nueva pandilla de amigos y descubro que en una vieja pista de fútbol se organiza cada día un gran campeonato de fútbol callejero. Varios partidos al día con muchos equipos diferentes.

La organización de todo lo llevan tres chavales mayores de Inca. A uno de ellos lo llaman «El Bodo», por su gran parecido a Bodo Illgner, el portero del Real Madrid. Es alto, rubio, ojos azules y un poco narigudo. Los otros dos chavales no tienen apodos conocidos. Los tres han hecho suya la pista, paralela a la vía del tren y rodeada de una valla de casi un metro de altura. Esa valla hace que el balón nunca salga del campo, así que es como si estuvieras metido en una jaula donde se juega bajo la organización de esos tres chavales. Pero también con sus reglas. Hay fútbol, pero también se pega mucho.

Los tres chavales tienen en su cuaderno todo lo que se tiene que hacer cada día en la pista. ¡Es alucinante! Horarios o el nivel de los equipos. Ellos tres también hacen de ojeadores. Evalúan el nivel de los chicos para después hacer los equipos. Deben ser equilibrados, para aumentar la competitividad de los partidos. Pero solo puedes entrar a formar parte de todo eso si tienes el nivel suficiente para ellos.

El primer día que voy con mis amigos a la pista no nos dejan jugar.

—¡Niños tan pequeños no! —nos dicen para pararnos en seco. A pesar de la primera negativa, yo no me achanto. Les digo que voy a jugar ahí. No tengo ninguna duda. Voy a demostrarle a esos tres chicos que puedo entrar a jugar en la pista de fútbol.

3

Duele caer a plomo contra el asfalto de la pista paralela a la vía del tren.

Un chico que me dobla en edad y me triplica en tamaño decide que la única manera de pararme es con una zancadilla. Miro mis rodillas y una de ellas sangra. Duele, pero guardo mi rabia. Agarro el balón de nuevo para seguir jugando. Para seguir regateando. Y para seguir marcando goles. Después de buscarme la vida a través de unos amigos que me dieron acceso directo a esos tres chicos dueños de la pista, he conseguido entrar. Eso sí, para hacerlo tuve que pasar su prueba. Mi primera gran prueba como jugador de fútbol. Después de verme jugar un rato, los tres no dudaron en decirme que podía jugar, a pesar de que soy el más pequeño de todos. En edad y en tamaño. Soy un poco bajito y muy delgado. Ahí me di cuenta de que no les importaba la edad del jugador, sino cómo juegas. A los tres, como al resto de chavales, les impresiona mi capacidad para regatear. A todos les llama también la atención mi agilidad para salvar las patadas y, sobre todo, cómo las gestiono cuando me las dan. Aunque a veces me encaro con alguno, como esta vez.

Los partidos en la pista paralela a la vía del tren se convierten en rutina para mí. Llego del colegio a las cinco de la tarde, meriendo rápidamente en casa de mis abuelos y me voy a jugar. Todas las tardes. Y los fines de semana, todo el día. No importa que haga frío, calor, llueva o el viento sea tan fuerte que haga imposible avanzar con el balón. En la pista de fútbol paralela a la vía del tren se juega un gran campeonato cada día y yo no puedo faltar.

Me he convertido en un jugador al alza, al que todos quieren en su equipo. Suelo llegar a casa muy tarde. Sobre todo, los martes y jueves, cuando la pista está reservada para los más mayores de nueve a doce de la noche. A veces me dejan jugar esos partidos. Mi madre tiene preparada la cena. Ella también me guarda las espaldas ante mi padre, quien solo quiere que estudie y me olvide del fútbol. A mí me gusta el colegio, pero mucho más jugar al fútbol. Por eso mi madre no le dice nada a mi padre de mis horarios. Por suerte también, mi padre llega a casa a la una de la mañana de trabajar, cuando yo ya estoy en la cama. Así que mis partidos de tardes y noches de fútbol son un secreto entre mi madre y yo. Nadie más en casa lo sabe. Tampoco mi hermano, que con solo unas pocas semanas de vida no se entera de nada.

El tiempo pasa y mi protagonismo en la pista de fútbol crece.

—Hay un niño que juega muy bien al fútbol. Que juega ante chicos que le doblan la edad. Y solo tiene diez años —se cuentan los chicos en Inca.

Rendida ante mi pasión incontrolable por el fútbol, mi madre me apunta a jugar en un equipo. El Juventud Sallista, el filial del Constancia. Lo hago en Fútbol-7. Mi entrenador es Miki Orraz, una persona con un carácter espectacular. Es divertido y amigable con los chicos. Todo lo contrario que mi padre. Entreno los martes y los jueves por la tarde. El camino al campo de entrenamiento me lo conozco bien, ya que es paralelo a la vía del tren. Para llegar al campo bordeo la pista donde juego todos los días. A veces me llevan a entrenar mis abuelos. Me he quedado a vivir con ellos. Mis padres y mi hermano están en Canarias.

A mi padre le ha salido un trabajo en un hotel de allí y todos menos yo se han ido. Me he quedado en Inca con mis abuelos porque es algo que no se sabe cuánto tiempo puede durar, y mis padres no quieren que pierda el colegio. A mí se me hace muy duro no tener a mi madre, mi salvavidas, cerca de mí cada día. Pero, por otro lado, me alivia no estar con mi padre. Estar con él cada vez es más duro. Broncas diarias por no hacer lo que él quiere. Por no estudiar. También me alivia que no veré las disputas y el distanciamiento que hay entre mi padre y mi madre. Una relación sin conexión que me hace daño ver.

Mientras mis padres están fuera, mi juego en el Sallista es el mismo que hago en la pista de fútbol. También el mismo que hacía cuando jugaba en el Pol Capó. Regatear y marcar goles. Hasta siete goles en muchos partidos. Miki tiene un plan para mí. Me pone en las primeras partes como mediapunta y, cuando vamos ganando, suele retrasar mi posición en el campo. Así conseguimos ser un equipo más seguro y ganamos la mayoría de los partidos. Pero lo más importante no es el resultado. Lo más importante es que el equipo es un gran grupo de amigos. Hasta hemos hecho una canción para antes de los partidos: «Jugar es nuestro lema, ganar nuestro objetivo. Y si no lo conseguimos, nos habremos divertido», dice la letra.

Cantarlo con todos mis compañeros me hace sentir bien y formar parte de algo muy importante. También hace olvidarme de todo lo que pasa en casa.

Los días de partido son increíbles. Quedamos pronto el sábado por la mañana en un bar, el Cristo Rey. Vamos llegando uno a uno, todos con cara de sueño porque tenemos que madrugar mucho. Los partidos son muy pronto por la mañana. Cuando jugamos fuera, nos repartimos en los coches de los padres. A mí me gusta ir en la furgoneta de la madre de mi amigo Fran. Su madre vende en un mercadillo. Los viernes por la noche, recoge todo lo que hay dentro de la furgoneta para hacernos espacio dentro. Vamos cuatro en la parte de atrás, apiñados, pero nos lo pasamos muy bien. Todo son risas, porque sabemos que vamos a divertirnos en un campo de fútbol.

4

Siento mucha rabia.

Mi primer año en el Sallista causa un gran impacto. También fuera de Inca. Tanto que el Mallorca llama al club y a mis padres, ya de vuelta tras sus diez meses en Canarias, para decirles que quieren que ingrese en su cantera. Pero mis padres deciden echar atrás mi sueño, porque para ellos es imposible llevarme cuatro días a la semana a entrenar a Palma.

—Y tus abuelos no están para esos trotes —me avisan mis padres para dejarme claro que ni lo intente con ellos.

No entiendo su decisión. Por supuesto, tampoco la comparto. Y menos cuando el Mallorca vuelve a llamarme por segunda vez, después de otro buen año para mí. Siento una tremenda rabia de que por culpa del trabajo de mis padres no pueda cumplir mi sueño. Ellos me alejan de lo que más quiero. Pero, sobre todo, tengo mucho miedo de que esta oportunidad no vuelva a pasar nunca más por delante de mí.

Aunque mis padres no me dejan jugar en el Mallorca, el Mallorca sí habla con el Sallista para sugerirle que empiece a jugar con chicos de una categoría mayor que yo. Siguen muy interesados en mí a pesar de todo, y quieren que esté preparado para una futura incorporación a su cantera.

—Más dificultad te vendrá bien —me dicen mis entrenadores en el Sallista, Miki y Pep Pizza—. Así mejorará tu juego.

A mí no me importa jugar con chicos mayores.

—Ya estoy acostumbrado a hacerlo todos los días en la pista de fútbol de la vía del tren —le digo a Miki y a Pep.

Al mismo tiempo que juego con chicos mayores, con los entrenamientos empiezo a sentir que me voy haciendo mejor jugador. Los consejos de Miki y de Pep están logrando que todo lo que hago empiece a tener un orden. Ya no solo agarro el balón, me voy de todos los rivales que salen a mi paso y marco gol. También empieza a tomar un orden mi posición en el campo. Hasta ahora, los entrenadores tenían dudas de qué posición era la mejor para mí porque me adaptaba muy bien a cualquiera de ellas. Por eso he jugado en casi todas las posiciones en las que un jugador puede hacerlo. Pero ahora mi mapa de movimientos en el campo tiene un punto de partida: la banda izquierda. Desde ahí, encuentro la dirección para conseguir un objetivo. Sigo siendo individualista en mi juego, pero eso ayuda a ganar los partidos. También ayuda a mis compañeros a ser mejores. Algo que me hace sentir muy bien.

Mientras, a mi sueño de ser futbolista, se suma otro: quiero ser patinador. He conseguido que mis padres me compren unos patines después de pedirlos bastantes veces. Todos los chavales patinan en Inca, está de moda. Debajo de la casa de mis abuelos se junta una enorme *pandilla* que hacen unas auténticas barbaridades con los patines. Los míos son negros con detalles amarillos.

—Son alucinantes —como me dicen mis amigos.

Cada día crece más mi afición por este deporte. Mis amigos y yo vamos una tarde a Palma a patinar. Allí han hecho una pista espectacular con todo tipo de rampas y giros. Nos subimos al tren en Inca. Una manada de niños de entre diez y trece años en un tren en dirección a Palma, todos en patines. La imagen parece sacada de una película. Más aún cuando esa manada de niños invadimos las calles de Palma. Sin embargo, yo lo paso muy mal. Mi patinaje me vale para desenvolverme por Inca, pero me doy cuenta de que no es suficiente para hacerlo por una gran ciudad. Cruzamos carreteras, nos saltamos los semáforos, yo evito chocar con la gente casi todo el rato... Estoy agobiado y harto. Cuando llegamos a la pista de patinaje, me quito los patines. Me siento en uno de los bordes de la pista y desde ahí observo a mis amigos.

El camino de vuelta a casa lo hago andando descalzo. Los calcetines están negros. Para tirar a la basura, como mis pies. Los tengo muy, muy doloridos. Los patines los guardo en el armario y ahí se quedarán para siempre. Mis días de patinador han terminado. Pero no mis días de ciclista. La bicicleta es perfecta para ir a la piscina con mis amigos. Tengo una *bici* muy distinta a la de ellos, porque es de las que se alquilan en los hoteles. El color es un verde horrible, pero me gusta porque tiene unas ruedas enormes. Yo llevo la *bici*, en el manillar monta un amigo y otro va en la parte de atrás. Mi bicicleta es casi como un autobús pequeño, con tres chavales subidos en ella. Tiro de piernas para hacerla rodar y llegar a la piscina, que está a dos kilómetros de casa. Ahí, en la puerta, quedamos siempre con varios amigos más para pasar las tardes de verano. Amigos y fútbol. Fútbol y amigos.

Es lo más importante para mí todos los veranos.

Es julio de 2001, un día de mucho calor. Mi madre me llama para hablar conmigo antes de irme a la piscina con mis amigos. Por fin escucho la noticia que llevaba soñando hace tiempo.

5

Clemente. San Clemente para mí.

Después de que mis padres dijeran dos veces que no al Mallorca, a la tercera va la vencida.

—¡Voy a jugar en el Mallorca! —grito a mis amigos cuando los veo. Poco después, lo sabe todo Inca. Todo el mundo empieza a conocerme por «Dani, el del Mallorca».

El plan que ha ideado el Mallorca por fin ha convencido a mis padres. Yo me siento ganador de la batalla. No tengo dudas de que voy a ser futbolista. Le guste o no a mi padre. Y este el primer paso para conseguirlo. En el plan que ha ideado el club y ha convencido a mis padres, la pieza principal es Clemente, la persona que me recoge con su coche para llevarme a la ciudad deportiva del Mallorca en Palma. Él me ha salvado la vida. Él me ha permitido cumplir con mi sueño. Todo eso hace que sienta una especial devoción por él.

Le espero de lunes a jueves, los días de entrenamiento, en la glorieta de la salida de Inca. A las 17:30. Clemente es puntual. Nunca llega tarde. Nunca llega antes. En su coche, un Peugeot

206 de color gris, están ya montados Martí, Antonio y Martí Noceras. Le incluimos siempre su apellido al nombrarlo para diferenciarlo del otro Martí. Cada uno de ellos es de un pueblo diferente de la isla. Puntos dispersos que unen la ruta de Clemente. Entrenamos de 18:30 a 20:30 y volvemos a casa. Son muchos kilómetros y mucho cansancio para el conductor, pero Clemente siempre está de buen humor. Los viajes son muy diferentes a los que hacía con mi padre de Lloseta al colegio en Inca. Clemente habla mucho con nosotros. Nos pregunta por los estudios, el fútbol, nuestros amigos y también por las chicas. Es un tipo muy entrañable. Su labor con todos los chicos que juegan en el Mallorca le hace ser una persona muy querida en la isla. Un enlace vital.

Juego para el equipo Cadete B. Lo he conseguido después de pasar las pruebas. El club me quería, pero no accedes si no pasas esas pruebas de selección. Algo parecido a lo que tuve que hacer para jugar en la pista de fútbol paralela de la vía del tren. En este caso fue con una semana llena de partidos que sirvieron a los entrenadores para hacer una criba y quedarse con los chicos que quieren para el equipo. Me entristeció que algunos de mis compañeros se quedaran fuera, pero empiezo a entender que jugar en el Mallorca es distinto a todo lo de antes. En el Pol Capó y Sallista jugábamos para ganar, pero, sobre todo, por diversión. Aquí la diversión queda al margen. Cada partido y cada entrenamiento es un examen para saber si estás preparado. Los entrenadores necesitan saber si tienes el nivel suficiente para seguir formando parte de ese selecto grupo de niños. El club quiere saber si la inversión que está haciendo en ti merecerá la pena.

Yo asimilo bien la presión. Además, me gusta la sensación de que, si fallas o no das el nivel cada día, te quedas fuera. Si quiero ser futbolista, es lo que hay. Máxima competencia entre compañeros. Selección natural. También es un mundo nuevo para mí todo lo que rodea al Mallorca. Es un cambio radical para lo que estaba acostumbrado, porque he pasado de jugar en un campo de tierra a uno de césped que es una alfombra. Me encanta el olor a césped húmedo y mojado antes de empezar cada entrenamiento.

Paco Navarrete y Manolo Molina son las personas que nos dirigen. Me gusta su forma de hablar con nosotros y cómo se comunican con chicos tan jóvenes a pesar de la diferencia de edad. Siento que estoy en un entorno profesional. A esa sensación de profesionalismo se añade vestir con la ropa del club. Nos dan camisetas, pantalones, la equipación de entrenamiento, el chándal... Vamos como los jugadores del primer equipo; a los que a veces veo cuando entrenan por la tarde en la ciudad deportiva. Los miro y siento admiración por ellos, pero no envidia. No tengo este sentimiento porque estoy seguro de que algún día yo seré como ellos.

En Inca, ir con la ropa del Mallorca causa sensación entre mi pandilla de amigos. Les gusta verme con ella y estar cerca de mí. Presumen de tener mi amistad. «Dani, el del Mallorca». Si soy sincero, a mí también me gusta eso. Me hace sentir un tipo muy especial. Algo que no encuentro en casa con mi padre. A él no le importa en absoluto que juegue en el Mallorca y esté disfrutando de mi sueño.

6

Llevo dos días durmiendo encima de mi moto.

Me he ido de casa. Estoy viviendo en una cochera que tengo alquilada con mi amigo Javier, «El Borla». Conocí a Javier en el instituto. Repetidor de curso con el que he conectado genial desde el principio. Nos hemos convertido en uña y carne. Salimos también juntos de fiesta. Cogemos la moto y nos vamos por los caminos viejos para llegar a Alcudia.

El Mallorca no me deja montar en moto. Tampoco me deja jugar al fútbol en la pista paralela a la vía del tren. Pero yo no hago mucho caso. Tengo dieciséis años y no quiero que nadie me prohíba hacer lo que me apetezca. Y si alguien lo intenta, la mayoría de las veces acabo explotando. Mi carácter es volcánico. Eso ha llevado precisamente a que me fuera de casa. Ha sido por lo de siempre. Por las malditas broncas con mi padre.

Sin embargo, esta última fue distinta a todas. Se pasaron todos los límites, si es que había límites. Me crucé en medio de la discusión entre mi madre y mi padre. Me puse frente a él. Por primera vez en mi vida, me atreví a hacerle frente. El boxeo, llevo yendo desde hace tiempo, me ha hecho más fuerte y, sobre todo, me ha dado mucha seguridad en mí mismo.

—Si tienes narices, pégame. Pero si lo haces, yo voy a responderte —le dije.

Lleno de ira y con los puños apretados, esperé a ver qué hacía. Al final, mi padre se echó atrás. Yo también. Pero nuestra relación se acabó ahí. Cogí algunas de mis cosas, las metí en unas bolsas de basura y me fui de casa. Había amagado muchas veces con hacerlo, pero esta vez ha sido la definitiva. Estoy seguro de ello. Sé que a mi madre le hago mucho daño. Ella lleva dos días muy preocupada porque no sabe dónde estoy. Pero siento que le hago más daño en casa con esa fractura con mi padre que siempre está a punto de estallar. Y si un día lo hace, las consecuencias pueden ser terribles.

Se me hace muy difícil entender la situación en la que vivo. En el fútbol, todo me va bien. Sigo el camino que quiero para ser futbolista profesional. La prueba de ello es que soy un canterano que el Mallorca guarda y cuida como uno de sus grandes proyectos. Estoy jugando muy bien como lateral izquierdo. Lo hago en esa posición después de haber crecido un buen puñado de centímetros y ser más fuerte. Mi buen manejo del balón con la izquierda y mi facilidad para dar el último pase han hecho que el entrenador, Paco Navarrete, me lleve a esa posición. También en ocasiones me coloca como extremo izquierdo. Me gustan las dos posiciones en el campo. Me permiten expresar las principales virtudes de mi juego en cada partido. También me ayuda tener una dirección clara: la banda izquierda para recorrerla de arriba abajo. Sin embargo, la situación en mi casa es una mierda. Solo me basta con ver dónde estoy. Tengo dieciséis años, vivo en una cochera y estoy durmiendo encima de mi moto. Creo que no puede ir a peor. No entiendo por qué no pueden ir bien las dos cosas. Lo veo en otros muchos compañeros de mi equipo. El fútbol les va bien. También su vida en casa. La relación con sus padres es buena. Sus padres están orgullosos de que sus hijos jueguen en el Mallorca.

Después de dos días en la cochera, mi amigo David viene a buscarme para que me vaya a su casa.

—Tío, aquí no puedes seguir. No tiene sentido que sigas durmiendo en una moto.

Tengo la pandilla de amigos de mi edad, entre quince y diecisiete años. También me junto con otros amigos mayores que yo. David es uno de ellos. Tiene un trabajo con el que paga su casa. Le agradezco la oferta y, por supuesto, la acepto. Es imposible decirle que no. Si sigo durmiendo encima de la moto voy a acabar *doblado*. Así que recojo mis bolsas de basura donde tengo la ropa y me voy a su casa.

La casa de David es punto de reunión de los amigos. Las noches son muy largas. Muchas veces hasta después del amanecer, sobre todo cuando nos vamos de fiesta a Alcudia los fines de semana. Duermo un rato y voy al partido. No noto el cansancio después de pasar toda la noche de fiesta. Me siento fuerte y capaz de hacer las dos cosas al cien por cien. Fútbol y fiesta. Seguramente también me ayuda a dar el máximo al campo mantenerme al margen de fumar porros. Casi todos mis amigos lo hacen, pero yo no quiero. Lo probé una vez y me sentó fatal. Acabé la noche hincado de rodillas encima de la taza del cuarto de baño, vomitando.

Las noches que no salgo con mis amigos, estoy con mi novia. Una chica muy buena conmigo. Nos conocimos en una noche de fiesta. Mi novia sabe que, aunque intente disimularlo bajo una capa de tipo duro, lo estoy pasando mal por la tremenda pelea que tuve con mi padre. Pero también le preocupa que viva en casa de David. Cree que no es lo mejor para mí. Por eso me dice que ha hablado con sus padres y ellos están de acuerdo en que me quede en su casa mientras todo se arregla en la mía.

Sé que no voy a arreglarme con mi padre. Me lo he jurado a mí mismo, y nunca suelo romper una promesa, pero le miento para que se quede tranquila. También le digo que sí a irme a casa de sus padres. Me vendrá bien. En cierto modo, los padres de mi novia me recuerdan a mis abuelos. Gente que llegó a Mallorca para encontrar un trabajo, un futuro y, en su caso, consolidar su familia. Sus padres lo hicieron desde Rumanía, con ella muy pequeña.

Como pasa cuando estoy en casa de mis abuelos, los padres de mi novia me hacen sentir muy cómodo. Soy uno más de ellos. Y, sobre todo, no me cuestionan por qué no quiero estudiar y sí solo pensar en el fútbol. No tengo que estar dando explicaciones a nadie. Eso libera mi cabeza de problemas y me ayuda a jugar mejor cada partido.

Ida y vuelta

7

Sé que estoy ante uno de esos viajes que, pase lo que pase, nunca olvidaré: voy a Madrid para incorporarme a la preselección de la selección española Sub-16.

Me visto con traje. Es la primera vez en mi vida que me pongo uno. Me siento tan incómodo como ridículo. Mi ropa siempre es un chándal, pero es el protocolo que nos han hecho llegar desde la Federación para viajar. Mientras termino de vestirme —¡cómo odio la tirantez de la camisa!— siento que esto es un escalón más en la escalera que tengo que subir si quiero ser profesional.

Primero fue entrar en el Mallorca. Después firmar mi primer contrato profesional. Eso ocurrió hace unos meses atrás. La dirección deportiva del club me llamó para darme la buena noticia. Novecientos euros al mes. Es mi primer sueldo por jugar al fútbol. No está mal. Y ahora llega la preselección con España.

Por delante, no sé qué pasará. Llevo una maleta pequeña, con algo de ropa interior dentro, el cepillo de dientes y poco más. Nos han dicho también en la Federación que en la concentración nos darán todo lo que necesitemos. He quedado en el aeropuerto de Palma con Carlos Carmona y Martí Crespí, compañeros de equipo. Ellos también han sido preseleccionados.

En el vuelo a Madrid no dejo de imaginarme cómo será eso de la Selección. También lo hacen Carlos y Martí. Los tres estamos nerviosos. No obstante, nos tranquiliza saber que ya estamos acostumbrados a concentraciones largas como la que vamos a vivir. Lo hicimos hace poco en el campeonato de España por Comunidades. Yo marqué en la final, que ganamos 3-1 ante la Comunidad de Valencia. Al principio no estaba en el once titular del entrenador, pero la lesión, precisamente de Carlos, me dio un sitio en el once. Por supuesto, salí con las ganas de comerme el mundo. Pero, sobre todo, de demostrar al entrenador que se había equivocado en no incluirme desde el primer momento en el equipo titular. Marqué un gran gol, para firmar una gran actuación a nivel individual. No lo digo yo. Lo dijo todo el mundo que vio el partido. Incluido también el entrenador.

La vuelta a Mallorca fue una fiesta. Nos sentíamos invencibles. Los mejores jugadores de fútbol de España de nuestra edad. Chicos de dieciséis y diecisiete años que disfrutaban de un momento único. Sin embargo, sé que la Selección será bien diferente. Tendré que convivir con un grupo de chavales bastante distintos a mí, y a los que no conozco de nada. Carlos y Martí tienen las mismas sensaciones que yo. Así que antes de bajarnos del avión, ya aterrizados en Madrid, hacemos un pacto de que entre los tres formaremos nuestro particular grupo para protegernos. Una isla en medio de un gran océano. Estamos acostumbrados a eso.

Hay bastante *jaleo* en el aeropuerto. Vamos a la parada de taxis y nos montamos en uno de ellos después de hacer cola durante un largo rato.

—A Las Rozas. A la sede de la Federación española —le decimos al taxista.

El taxista mira atrás y nos examina de arriba a abajo. Se ha quedado un poco sorprendido con esa indicación y todavía más con nuestra vestimenta. Tres chavales vestidos de traje. Estoy seguro de que piensa que venimos a Madrid de fiesta o a estudiar. O también que podemos ser de alguna secta por nuestra manera de vestir. Pero no estamos en Madrid para ninguna de esas cosas. Aunque a mí sí me gustaría vivir cómo es Madrid de noche. Mientras nos acercamos a la sede de la Real Federación Española de Fútbol en Las Rozas, al norte de Madrid, me aparecen muchos nervios. Tengo la sensación de que voy a abrir una puerta que no sé dónde me llevará. No me había pasado antes. Ni siquiera en los partidos de prueba que tuve que jugar para entrar en el Mallorca. Tampoco en mi primer partido en la pista paralela a la vía del tren. Cuando conecto de nuevo con el mundo, estamos ya en la puerta de la Federación. El taxista avisa a la persona de seguridad que trae a tres chicos para la Selección. Da nuestros nombres y entramos. Se confirma que estoy en la lista.

Me llama la atención que la sede de la Federación es como un hotel. Me lo imaginaba de otra manera. Tiene la entrada con una puerta de cristal de dos hojas que se abren al detectarte. Dentro hay un gran *hall*. Predomina el color rojo. El color de la Selección.

En el centro del *hall* está Ginés Meléndez. Ginés es el máximo responsable de las categorías inferiores de España. Por sus manos han pasado los mejores jugadores del país de los últimos años. Cuentan que tiene un don especial para detectarlos y potenciarlos en la Selección. Andrés Iniesta, Xavi Hernández, Iker Casillas o Fernando Torres, entre otros muchos jugadores que brillan en primera división han estado con él. Espero ser yo también un jugador que active su don. Ginés tiene la apariencia de un profesor de instituto. Va vestido con el chándal de la Selección, lleva gafas, pelo canoso y tiene un gesto tranquilo con todos los chicos a los que va dando la mano para presentarse. A su lado está el entrenador, Juan Santisteban. Juan tiene el pelo completamente blanco y parece más serio que Ginés. Es toda una institución en el fútbol español. Jugó en el Real Madrid mucho tiempo y ganó cinco Copas de Europa. También fue entrenador del Castilla, el filial del Real Madrid, y segundo entrenador del equipo blanco.

Poco antes de llegar a ambos, vuelvo a sentirme muy nervioso. Mi saludo es corto y sencillo. Ambos se presentan. Yo hago lo mismo. Ginés y Juan me dan las gracias por estar con la Selección, cuando debería ser yo quien les dijera que estoy agradecido por su llamada. Pero los nervios me han dejado sin poder decir ni una sola palabra. Después del saludo, una persona me da las llaves de la habitación y me indica la dirección a seguir. Me adentro en un pasillo y cojo el ascensor. Dentro, me miro al espejo para peinarme un poco. También observo que mi cara está un poco pálida de lo nervioso que estoy. La decoración del hotel de concentración es modesta. También la habitación. Es como un aviso para el que se aloja: «Aquí no hay distracciones. Se viene a entrenar muy duro y a descansar cuando no estás entrenando», parecen decirme las paredes.

Apenas he tenido tiempo para tener contacto con los otros compañeros de concentración. Eso llega en el primer entrenamiento. Entro al vestuario y me siento al lado de Martí y Carlos. Miro a los lados y observo a los que serán mis compañeros durante unos días. De algunos de ellos sé cosas de oídas, por lo que me han contado. Pero ahora, en la intimidad del vestuario, los conoceré de verdad. Uno de esos chicos de los que me han hablado es Gerard Piqué. Me sorprende su altura. Juega en el Barcelona. Se desenvuelve con un cierto aire de chulería. En plan, «soy el jefe del vestuario».

Sé que Gerard será mi compañero durante los próximos días, pero tengo claro que no tendré una gran relación con él. No me gustan mucho ese tipo de personalidades. E intuyo que a él tampoco le gusta juntarse mucho con chicos como yo. Otro chico del que me han contado algo es Cesc Fàbregas. Juega en el Arsenal de Inglaterra. Se fue a Londres hace unos meses desde la cantera del Barcelona. Arsène Wenger, entrenador del Arsenal, pidió su fichaje. Una cosa de locos. Debe ser muy bueno jugando al fútbol, pero se le ve un chico muy normal. También hay jugadores del Real Madrid. Antonio Adán es uno de ellos. Es portero. Los jugadores del Real Madrid y el Barcelona siempre son los que más llaman la atención.

Todos nos ponemos la ropa de entrenamiento de la Selección y salimos al campo. Ahí nos esperan Ginés y Juan Santisteban, el entrenador, en el centro del campo. Mientras hablan, pienso que esto será mucho más difícil que en el Mallorca. La competencia no solo está entre todos los jugadores que formamos parte de este grupo, sino también de todos los chicos de mi edad en España que juegan al fútbol. Zurdos, rápidos, con buen pase y capacidad para alternarse como lateral o extremo. Ese es el perfil de mis rivales para vestir la camiseta de España. El principal es Pepe Pla, un chaval de la cantera del Valencia. También es un lateral izquierdo, fino y muy elegante en su juego. El entrenador termina su charla y en la primera carrera desaparecen los nervios.

«Dani, estar cagado no tiene sentido. Si has llegado hasta aquí siendo tú mismo, está claro lo que tienes que hacer», me digo para motivarme.

Una vez terminado el calentamiento, se organiza un partido. Ginés y Juan quieren vernos jugar. Es la manera de empezar a ver a los jugadores para seleccionarnos en cada puesto. Al menos dos jugadores por posición.

Vuelvo varias veces más a las concentraciones con España. Del Sub-16 al Sub-17. Mi juego en el Mallorca, mientras, sigue a un nivel muy alto. Sin embargo, a nivel personal nada ha cambiado para mí. Llevo meses en casa de mi novia. Mi madre sabe que estoy bien, porque voy a verla casi todas las semanas al restaurante que tiene desde que nos instalamos en Inca. En medio del *jaleo* de su trabajo, hablo con ella y le cuento todo lo que me está pasando en el fútbol. Ella me mira y me transmite una sonrisa por todo lo bueno que me pasa. Es su gesto para decirme que está feliz por mí, aunque le duela profundamente que no pueda compartirlo en casa. Por supuesto, no le pregunto sobre mi padre. No quiero saber nada de él. Y sé que él tampoco quiere saber nada de mí. Así son las visitas a mi madre, en muchas ocasiones precipitadas porque tiene que atender a las personas que van al restaurante. Pero el trabajo es el trabajo. Estoy acostumbrado a tener a mi madre en los pocos momentos que no trabaja.

Una de esas buenas noticias que le cuento en la cocina del restaurante, es que he ganado con la Selección la Copa del Atlántico 2004. Un campeonato que es la antesala del Europeo que llegará la próxima primavera. Una cita en la que quiero estar. Juego buenos partidos con la Selección. De titular. Pero no pierdo de vista lo que hace Pepe Pla, mi mayor competidor por el puesto de lateral izquierdo. No es que sea miedo, ni celos, pero sí sé que el entrenador tiene predilección por él. También Ginés. Es su niño mimado y a mí eso me jode. Yo nunca he sido el niño mimado de ningún entrenador. Y nunca he querido serlo. No lo he necesitado para llegar hasta aquí.

Vuelvo de nuevo a Las Rozas para la última concentración antes del Europeo. De nuevo con el incómodo traje. Sigo viéndome ridículo con él. Así que cuando llego a mi habitación de concentración, lo primero que hago es ponerme el chándal. El primer día trabajamos duro. También el segundo. La dinámica es que cada día se entrena más duro que el anterior. Al mismo tiempo, el entrenador va descartando a algunos jugadores para quedarse con la lista definitiva para el Europeo. Por las cuentas que hago y las posiciones de los jugadores descartados, me sale que yo seré uno de los convocados. Pero no me relajo por eso. Sigo entrenando al máximo.

Después de cada entrenamiento y al llegar a mi habitación, lo primero que hago es mirar el móvil para ver los mensajes que tengo. Siempre miro primero los mensajes de mi novia. Esta vez, sin embargo, me llega un mensaje que no es para decirme que me quiere. Todo lo contrario.

«Cuando llegues a mi casa después de la concentración, por favor, recoge tus cosas y vete», dice el mensaje.

No entiendo nada. Entro en pánico.

«¿Qué voy a hacer ahora? ¿Dónde voy a vivir cuando llegue a Inca?».

Me falta el aire. Carlos y Martí, mis dos compañeros del Mallorca, ponen en práctica el juramento que nos hicimos el primer día de concentración, antes de bajar del avión. Los dos me ayudan a calmarme y me sacan de un ataque de ansiedad en el que creía que me ahogaba. Todavía sin entender nada llamo a mi novia, pero no me coge el teléfono. Tampoco contesta a los mensajes. Hablo con Carlos y Martí y les digo lo que voy a hacer.

—Me voy de la concentración.

Ellos quieren frenarme. No quieren que me vaya, porque saben que me perderé el Europeo. Y quién sabe si mucho más si se enteran de que me voy por ese motivo. Sin embargo, no dudo en mi decisión.

—No puedo seguir aquí así. Lo siento.

Mi cabeza no está en el fútbol. No puedo dormir mucho, solo pienso en el mensaje de mi novia y si convenceré al entrenador de que me tengo que ir de la concentración. Le diré que estoy lesionado.

Bajo al desayuno después de una noche entera sin dormir, y hablo con el entrenador.

—Tengo un pinchazo en el abductor. No puedo seguir.

Soy consciente de las consecuencias que esto puede tener si se entera de que no estoy lesionado, pero no he dudado en mis palabras. El entrenador se lamenta de mi lesión. Me duele infinitamente no haberle dicho la verdad, pero prefiero que crea que estoy lesionado a que sepa que dejo la Selección por el mensaje de mi novia. La gente de la Federación me facilita un billete de vuelta a Palma a las pocas horas. Subo a la habitación y recojo mis cosas. Después voy directo al aeropuerto en un taxi. No miro atrás. La decisión está tomada.

Mi cabeza está metida en un laberinto. En el vuelo a Palma no paro de hacerme preguntas. Pero tampoco las encuentro cuando llego a casa de mi novia. Su madre me espera en la puerta y se echa a llorar. Le pregunto qué ha pasado.

—No lo sé, Dani. No lo sé.

Es lo único que puede decirme, porque ella tampoco sabe la razón de todo esto. Recojo mis cosas y las meto en las bolsas de basura que tenía desde el primer día que me fui de casa. No sé por qué nunca las tiré. La madre de mi novia, bueno, ya exnovia, se despide de mí llorando. Yo me aguanto las lágrimas. Me puede más la rabia. Pero no se lo quiero hacer sentir. Sería injusto con ella y su marido, porque me han tratado como a un hijo.

Llamo a David para ver si puedo quedarme en su casa unos días, hasta que encuentre una solución. David no duda en decirme que sí, como ya hizo cuando me vio que vivía en una cochera. Me ofrece su casa para lo que quiera y el tiempo que necesite. Vuelvo a estar en la casilla de salida, pero mucho peor que antes: estoy sin mi novia y sin mis padres. Siento que no tengo nada. El fútbol, por primera vez, pasa a un segundo plano para mí. Tanto que ni siquiera me preocupa haber abandonado la Selección cuando iba a jugar el Europeo.

8

Vivo en una montaña rusa.

De fiesta, con mis amigos, me olvido de los problemas. Varios de ellos han alquilado una casa en Alcudia y me han invitado a pasar el mes de agosto precisamente para olvidarme de mis dificultades. Mi mayor y única preocupación es pasarlo bien. Sin embargo, cuando la música se acaba y la resaca aplasta mi cabeza, me vuelven todos los malos pensamientos. Entre ellos, uno que está ahí desde hace varias semanas. Y es el que más miedo me da: quiero dejar el fútbol.

Solo hablo sobre eso con dos de mis amigos. Al resto no quiero estropearles la fiesta con mis problemas. No hemos venido a Alcudia para que ellos aguanten mis penas.

Mi desconexión del fútbol es total. Mi último partido fue con el Mallorca, en la última jornada de la temporada 2003/04. No he jugado nada desde entonces, hace ya más de un mes. Creo que nunca había pasado un día sin jugar al fútbol. Tampoco quiero ver nada de fútbol en televisión. No he seguido ni siquiera el Europeo de mis compañeros de la Selección Sub-17. Una cita en la que yo debía haber estado, pero de la que me fui días antes de comenzar por la puerta de atrás. Tan solo sé que España perdió la final contra Francia por 2-1.

Hace unos pocos días, antes de venirme a Alcudia, también conocí por qué mi exnovia tomó la decisión de dejarme y mandarme a la calle. Por qué un final tan inesperado y, por encima de todo, sin explicaciones. Está con otro chico. Hermano de un amigo mío, además. Esa es su razón. Sin embargo, no se atrevió a decirme nada a la cara. Solo un mensaje de texto en el móvil.

Pero yo también utilizo un mensaje de móvil y la facilidad que da esconderse detrás de una pantalla para poner fin a mi etapa en el Mallorca. Le mando el mensaje a Paco Navarrete, director de la cantera del club y mi exentrenador, cuando me llaman para anunciarme que me incorpore al segundo equipo después de las vacaciones de verano. Debería ser una gran noticia. Lo mejor que me puede pasar. Pero no. El fútbol no me interesa.

Solo unos minutos después de mandar el mensaje, Paco me llama al teléfono. Él sí quiere hablar. Nada de mensajes. Quiere saber por mis palabras qué me pasa y no a través de la frialdad de un mensaje de texto. Cuando veo la llamada de Paco, dudo en cogerla. Pienso que tal vez es mejor esperar a una segunda llamada o varias más para hacerlo. Así, mientras tanto, ganaré tiempo para poder reunir el valor y las palabras suficientes para explicarle. Sin embargo, por los nervios, cojo la llamada.

—¿Qué pasa, Dani?

Es una voz que sé que intenta buscar la respuesta a una pregunta que ni siquiera yo realmente sé. Lo normal es que Paco se enfadara conmigo. Incluso que me mandara fuera del equipo. Estaría en su derecho. Si quieres llegar a la élite, no se aceptan chavales caprichosos que de un día para otro no quieren seguir jugando. El nivel de exigencia del Mallorca no permite eso. Pero Paco me transmite tranquilidad y mucha calma con sus palabras. Quiere que hablemos en su oficina en el club para saber realmente qué me está pasando.

Unos días después de la llamada, voy camino a la ciudad deportiva del Mallorca. Estoy seguro de mi decisión.

«Paco, sigo firme en la decisión de dejarlo. He perdido todas las ganas de jugar al fútbol», me preparo de escueto guion en el tren.

Sin embargo, lo que no puedo preparar es cómo se lo tomará él cuando se lo diga cara a cara. Lo que sí tengo seguro es que no le contaré que mi decisión viene precipitada por todos mis problemas fuera del campo. Mis amigos dicen que tengo depresión. Seguramente tengan razón. Pero prefiero no ponerle nombre. Una lesión en el fútbol no es una lesión grave hasta que tiene nombre. Llamo a la puerta y ahí está Paco, sentado detrás de la mesa de su despacho. Estaba esperándome desde hace unos minutos. Noto cómo todas las partes de mi cuerpo me sudan. Paco es directo conmigo. No se anda con rodeos en la conversación. Intuyo que sabe qué me está pasando. Apenas unas palabras, me derrumbo ante Paco para contarle todos mis problemas. Un ejercicio de sinceridad que me ayuda a liberarme, más aún cuando al otro lado hay una persona que me escucha y me comprende.

—Dani, vamos a hacer una cosa. Nosotros empezaremos la pretemporada, pero tú tomate un tiempo. Dos semanas más de vacaciones para que te lo pienses bien.

Llego al acuerdo con él de que así lo haré. Pero también de que no creo que haya marcha atrás en mi decisión de dejarlo.

—Estás loco, Dani —me reclaman mis amigos cuando les cuento cómo ha ido la conversación con Paco—. Tú no puedes dejar de jugar. Tú estás hecho para esto.

Pero tengo claro que el fútbol se acabó para mí en aquella concentración con la selección española. Después del mensaje de mi exnovia. Pero ese mensaje no fue más que la gota que colmó el vaso, como me di cuenta en la conversación con Paco en su despacho. Los problemas que tengo son tantos que me han terminado por hundir.

Pero las situaciones en mi vida dan la vuelta en apenas un instante. Muy parecido a mi juego en el campo, donde todo ocurre a máxima velocidad. Estoy acostumbrado a ello. Y estoy preparado para gestionarlo. Aunque no siempre sea con acierto.

Salgo de fiesta una noche más con mis amigos y en uno de los bares me encuentro a mi exnovia.

«Se me ha estropeado la noche», me digo.

Salgo del bar y poco después, la amiga que acompaña a mi exnovia sale a hablar conmigo.

—Está muy arrepentida. Lo siente mucho, Dani.

Sus palabras me dan fuerza para volver a entrar a la discoteca y al menos hablar con mi exnovia. Pocas horas después, estoy de nuevo en su casa. Sus padres al verme por la mañana están casi más contentos que yo. Sin embargo, mi relación con ella no es como antes. Sigo en su casa, pero no tenga confianza en ella. La montaña rusa en la que vivo no para de subir y bajar.

Todo lo que me está pasando se lo cuento a su amiga, a la chica tan amable que abrió la puerta a la conciliación con mi exnovia y resulta que se ha convertido en mi confidente. Las conversaciones terminan juntándonos.

Ella me cambia la vida de manera muy rápida. Me anima a que vuelva a jugar al fútbol. Y lo hago. También a que vuelva a casa de mis padres. Y lo hago. Mi madre me recibe con un tremendo cariño. Un abrazo con el que me siento recogido por todo el tiempo que he estado fuera. Con mi padre, sin embargo, todo es frío. Pocas palabras y ni un perdón. Sí que encuentro también la felicidad de mi hermano. Está tan feliz como yo de volver a estar juntos.

Una de las mejores cosas de volver a casa después de tanto tiempo es, sin duda, convivir de nuevo con él. Son momentos muy felices para mí. Y eso se nota en el campo. Por fin he encontrado el equilibrio. Allí, tengo la sensación de volar en muchos momentos. Me siento imparable. Jaume Bauzà, el entrenador, ha decidido darme más protagonismo en ataque esta temporada. Juego como extremo izquierdo, para explotar mi velocidad y mi golpeo de balón. Todo va bien. Pero yo no me olvido de Paco, a quien le debo el disfrutar de este momento. Sin él, seguramente estaría buscándome la vida en otro equipo de la isla. Pero Paco me dio tiempo y, sobre todo, me entendió.

Acaba la temporada y el Mallorca me comunica que seguiré con el segundo equipo la siguiente temporada. Es una buena noticia para mí. Un año más para seguir creciendo. Después de mucho tiempo buscándolo, por fin estoy asentado en todas las facetas de mi vida. He vuelto a casa, con todo el cariño de mi madre y mi hermano. Me siento feliz con mi nueva pareja. El fútbol me va muy bien después de mi crisis con él. Así que he regateado a todos mis problemas para dejarlos atrás. Mi próximo verano no será una montaña rusa.

9

—Tenéis que hacer un dibujo. Lo que queráis.

Es lo que nos pide Gregorio Manzano, el entrenador, a todo el equipo en el primer entrenamiento de la pretemporada 2007/08. Por fin estoy en el primer equipo del Mallorca. Aunque el comienzo no es ni mucho menos como me lo esperaba. No se me ocurre qué pintar. Soy bastante malo dibujando. Toda la habilidad que pueda tener con un balón en los pies es nula con un lápiz en la mano. Tampoco entiendo muy bien qué quiere conseguir el entrenador con esto. Pero dicen de «Goyo», como se le conoce en el mundo del fútbol, que es una de las varias prácticas que tiene para conocer a sus jugadores. Pues bien, pinto una montaña y unos cuantos pájaros. No sé si de ahí el entrenador podrá encontrar algún rasgo de mi personalidad. Realmente lo dudo.

Una vez hecho el dibujo y unos pocos entrenamientos en Mallorca, viajo con el equipo a Kossen, a Austria, para realizar la primera parte de pretemporada, que termina en los Países Bajos. He completado mi proceso de formación como jugador de la cantera: desde la base hasta el primer equipo. He subido toda la escalera. Me siento muy orgulloso por ello, más todavía con todas las grandes dificultades que ha habido entre medias. En mi última temporada en el filial, estuvimos muy cerca de subir al equipo a segunda B, pero perdimos en el *play-off* de ascenso contra el Sabadell por penaltis. Si echo la vista atrás y lo analizo bien, es la primera gran derrota que he tenido en mi carrera. De esas que duelen y te dejan marcado. Más todavía cuando lo tuvimos muy cerca. Una cicatriz que me quedará para siempre.

En los primeros días de la pretemporada con el primer equipo encuentro la confianza de varios veteranos. Sergio Ballesteros, Víctor Casadesús y Tuni, quien también salió de la cantera del Mallorca. Los tres me cuidan y se preocupan por mí. Algo que agradezco enormemente. No es fácil entrar en un vestuario de primera cuando eres tan solo un chaval. Sin embargo, mi juventud no me desvía de mi objetivo. Y tampoco quiero que sea una excusa. Lo tengo claro: quiero demostrar al entrenador que tengo el nivel suficiente para quedarme en el primer equipo. Pero también soy consciente de las dificultades. El nivel es muy alto en mis posiciones. Si miro en el lateral izquierdo, están Fernando Navarro y Javier Dorado. Y «Chory» Castro es el principal extremo izquierdo. Un jugador brillante, con una zurda increíble.

Además, Manzano no es un entrenador que dé muchos minutos a los jóvenes, y tampoco tiene mucho contacto con nosotros. Conmigo no cruza una palabra durante toda la pretemporada en Austria y los Países Bajos. Tampoco cuando decide no darme ni un minuto en el amistoso contra el Bayern de Múnich. He jugado bien en las oportunidades que he tenido durante la pretemporada. Sin embargo, no sé por qué, no me saca contra el Bayern, en el torneo Son Moix, ante nuestro público. Me paso toda la segunda parte calentando en la banda. Soy un espectador de lujo en una gran noche del equipo. Acaba el partido con un

3-0 al Bayern. La felicidad del grupo es increíble. Sin embargo, yo soy la persona más enfadada del mundo. No celebro la victoria. Me da igual. Solo quiero irme a casa. Sé que soy canterano, y todo lo que eso supone, pero no veo justo lo que ha hecho el entrenador conmigo. Creo que me había ganado la oportunidad de jugar en un partido tan especial.

Con el paso de los días, mi enfado, lejos de desaparecer, crece. Cualquier cosa me irrita. También algunos de los comentarios de mis compañeros. En medio de una sesión de carreras, Jonás Gutiérrez se cruza conmigo.

—Chico, tienes que correr más —me suelta con un tono altivo y desagradable para mí.

Si necesitaba una chispa para arder, definitivamente, aquí la tengo. Jonás es uno de los jugadores más importantes del equipo. También es internacional por Argentina. Pero a mí todo eso me da igual. Quién se cree que es para decirme eso. Reacciono eléctricamente.

—Si ganara el dinero que tú ganas, correría más —le contesto.

Soy canterano y también sé el rango que ocupo, pero no me voy a dejar pisar por nadie. Sea Jonás o cualquier otro.

Sin embargo, con el paso de los entrenamientos me doy cuenta de que esa contestación ha sido un error. No quedó en el campo. Ya sabes, eso que se dice de «lo que pasa en el campo, se queda en el campo». Pero no es así. No sé con quién ha hablado Jonás o si lo ha hecho, pero desde el club me comunican pocos días después de esa reacción que la próxima temporada la jugaré cedido en otro equipo. También me han dicho muchas veces eso de que «lo más difícil no es llegar, sino mantenerse». Y es verdad. Lo compruebo en primera persona. He llegado al primer equipo del Mallorca, después de un largo recorrido en la cantera. Pero solo me he sostenido unas semanas.

Por suerte, no es el final para mí. Salgo con la promesa del director deportivo de que esto es un paso más en mi carrera para instalarme en el primer equipo del Mallorca de manera definitiva. El club entiende que debo tener minutos para crecer, saben que con «Goyo» será casi imposible, y pactan con mi representante encontrar un club de una categoría mayor a la que he estado jugando. Es decir, la segunda B.

A mí me gusta la idea. Más después de que mi representante me diga que ha conseguido un importante contrato con el Pontevedra. El equipo gallego tiene gran presupuesto después de que lo haya comprado un importante constructor de la zona. Y también tiene enormes aspiraciones, casi obligatorias, de subir a segunda. Así que sí, el Pontevedra es una buena oportunidad. Tengo todo preparado para irme, pero antes de hacerlo, quiero pasar una última noche de fiesta con mis amigos. No volveré a verlos en un largo tiempo. Galicia no es un sitio fácil para escaparse unos días. La noche se alarga entre copas y música. También porque conozco a una chica.

Mi relación con mi novia se acabó hace unas semanas, después de que todo dejara de fluir como al principio. Al día siguiente, y medio adormilado, la escucho abrir la puerta de mi casa. Me la he comprado con el sueldo del fútbol. Corro escaleras abajo para que no suba. Vivo en un dúplex. Está enfurecida porque ha visto en el sofá el bolso de la chica con la que he pasado la noche. La bronca es enorme. Todo se llena de sus gritos. Al menos consigo que salga de casa para evitar que se cruce con la otra chica. No quiero que eso ocurra.

Los vecinos escuchan los gritos, es imposible no hacerlo, y han llamado a la Guardia Civil, que llega a mi casa.

Finalmente logramos solventar la situación con la intermediación de la pareja de la Guardia Civil. Aunque de manera momentánea, porque dos horas después, la misma pareja vuelve a mi casa para sacarme arrestado. Me dicen que me ha denunciado por malos tratos. Es mentira, pero eso no me evita que me lleven a las dependencias de la Guardia Civil y me metan en el calabozo. Quedan pocas horas para tenga que viajar a Pontevedra para firmar el contrato y estoy en un calabozo de la Comandancia de la Guardia Civil de Mallorca acusado de malos tratos. Solo mis representantes saben dónde estoy. Y son ellos quienes consiguen sacarme del calabazo a la mañana siguiente, para también fijar un juicio rápido el lunes por la mañana para solventar todo.

No llegaré en la fecha fijada a Pontevedra para firmar el contrato.

—¿Y el Pontevedra? ¿Qué hacemos? —pregunto muy agobiado a mi representante.

Me asusta que se pueda saber que he estado en el calabozo por este asunto antes de firmar por el club. Mi representante, sin embargo, está mucho más tranquilo que yo. Tiene controlada la situación y me dice que no me preocupe, que ha avisado al Pontevedra de que llegaremos un par de día más tarde.

—¿Y los motivos? —pregunto.

—Personales. He dicho que personales y sin problema, Dani. Nadie sabrá nada de esto. No te preocupes.

Después de eso me voy a casa. Necesito dormir algo. En un calabozo es imposible hacerlo. El lunes por la mañana, muy temprano, estoy en los juzgados. El juicio es rápido. Mi exnovia desmiente todas las agresiones para acabar con esta pesadilla.

«¿Por qué lo hizo entonces?». No lo sé, pero prefiero no darle más vueltas a lo ocurrido. Soy libre para poder irme a Pontevedra. Si ya pensaba que era una buena idea irme a jugar allí, ahora me lo parece mucho más.

10

Todo son sensaciones diferentes para mí.

Unas sensaciones que me han activado una gran ilusión y, de paso, ayudaron a olvidar lo último que me pasó en Mallorca: una noche en el calabozo y un juicio rápido para conseguir la libertad por algo que no hice, ni nunca haría.

Es la primera vez en mi vida que estoy en Pontevedra. También la primera vez que estaré fuera de Mallorca tanto tiempo. Si todo va bien, serán casi once meses, la temporada 2007/08. Después veremos qué pasa. No quiero cerrarme ninguna puerta. Mi objetivo es volver al Mallorca después de la cesión, pero si sigue «Goyo» el próximo año, sé que será complicado.

El primer día en Pontevedra es de locos. Firma, presentación, conocer las instalaciones del club, también al entrenador, Javi Gracia, y después ir al piso que el club me ha encontrado. Yo me hago cargo del pago del alquiler. Será un reto grande saber si estoy preparado para jugar en segunda B, con un equipo que tiene como único objetivo conseguir el ascenso, y no tanto formar jugadores, como pasa en el filial del Mallorca. Estoy seguro de que esa presión también hará que muchas cosas sean distintas en mi día a día. Pero me gusta jugar bajo presión. Me siento bien cuando sé que cada entrenamiento es decisivo y cada partido es una final.

Mi entrada en el equipo es fantástica. Los compañeros me transmiten muy buena sintonía. Hay *buen rollo* desde el principio, conscientes todos de que tenemos una única misión: llevar al equipo al ascenso. Me adapto con facilidad al grupo porque estoy acostumbrado, debido a mi etapa en el filial del Mallorca, a jugar con compañeros mayores que yo. A eso se suma que el trato de la gente de la calle es genial. En cualquier lugar, todo son palabras de ánimo y agradecimiento por jugar en su equipo. Por otro lado, me sorprende la conexión de la gente con el equipo. Eso no pasa tanto en el Mallorca. Pero aquí sí. El Pontevedra es el equipo de todos, y se siente cada día en el sitio al que voy.

En mi vida fuera del campo, encuentro un lugar donde pasar mucho tiempo. Es un bar debajo de mi casa, algo que hace fácil que vaya a comer ahí casi todos los días. Me da mucha pereza cocinarme para mí solo. Desde el principio he conectado muy bien con los dueños, gente muy simpática y familiar. También lo son sus clientes. Por supuesto, son muy aficionados al Pontevedra. Con el paso de los días, encuentro en el bar un grupo con el que me junto a menudo. Durante la pretemporada, hay dos sesiones de trabajo. Mañana y tarde. Sin embargo, cuando empieza la temporada, solo entrenamos por la mañana. La tarde la dedico a jugar a la PlayStation o bajar al bar. En ocasiones, tengo también la compañía de los compañeros del equipo que viven en el mismo edificio que yo. Ratos muy agradables con su familia.

En el equipo estoy cómodo, aunque no juego todo lo que me gustaría. Xavi Moré, que llegó del Valladolid al equipo también en verano, está por delante de mí. Aunque eso me sirve de acicate para intentar mejorar cada día. He venido al Pontevedra a crecer. A ser mejor jugador. Y si quiero conseguirlo, tengo que ser titular. Poco a poco, encuentro una rutina de vida: entrenamientos por la mañana, mucho tiempo libre por la tarde y noches muy largas.

En el grupo de amigos que he hecho en el bar a varios de ellos, como a mí, les gusta ir al casino. Yo lo hacía habitualmente en Mallorca. Una noche me voy con ellos al de La Toja. Está a menos de una hora de Pontevedra. Es un lugar espectacular. Juego a la ruleta y al póker. Dos *disciplinas* que domino bastante bien. El casino de La Toja pasa a ser desde entonces un lugar habitual para mí cada noche. Eso lleva a que duerma poco, pero no tiene impacto en mi juego, ni en mi estado físico. Estoy acostumbrado a dormir poco desde siempre. Me bastan pocas horas para sentirme al cien por cien. En el equipo, mientras, hay una apuesta que gano. Aposté a que sería titular y lo consigo cuando llega la segunda mitad de la temporada. El entrenador confía en mí, y me da los galones para tomar el mando como extremo. La banda izquierda del Pontevedra es mía, y la conexión con la afición en Pasarón, nuestro estadio, es alucinante. Pero con mi creciente protagonismo en el equipo, me han recomendado no salir mucho de fiesta por Pontevedra para evitar que me vean y después haya posibles comentarios. Así que salgo mucho más al casino, donde soy anónimo para todos.

Sin embargo, mi economía se va por la borda cuando el club nos anuncia que no puede pagarnos la nómina entera. Desgraciadamente, es algo bastante habitual en el fútbol más modesto en España. Lo había visto en otros equipos y en otros compañeros. Siempre pasa lo mismo. Grandes proyectos anunciados a bombo y platillo que, sin embargo, en poco tiempo se reducen a la nada. Puros fuegos artificiales. Y a mí ahora me toca participar de una fiesta que nadie quiere pagar. Mi salario disminuye en un amplio porcentaje comparado con lo que tenía firmado. Un setenta por ciento menos. A ese problema, se une el mío: soy bastante derrochador. Todo lo que gano, lo gasto. No he ahorrado nada desde los primeros novecientos euros que me dieron por jugar al fútbol. Llego asfixiado a final de mes, con la cuenta en números rojos.

A los gastos comunes del día a día, se añaden mis gastos en todo lo que hago fuera del campo. Pero no voy a renunciar a eso. Por supuesto, tampoco voy renunciar a ir al casino.

El casino no solo me gusta, sino que es un refugio para mí. Echo de menos a la gente de Mallorca. Mis amigos no pueden venir. Tampoco mi madre y mi hermano. Es un viaje largo desde Mallorca y mi madre sigue haciendo lo mismo de siempre: trabajar. No tiene tiempo para su hijo. De mi padre, no espero nada. Y es mejor que sea así.

La solución para mantener mi ritmo de vida la encuentro ahorrando al máximo posible en la comida. Mi dieta pasa a componerse de dos elementos básicos. Voy al supermercado una vez a la semana y compro mucho pan y mucho pollo. Lo más barato para comer. Con eso tiro durante una semana, para volver al supermercado una vez que he terminado con todas las provisiones. Obviamente, no digo nada a la gente del club de mi dieta. Sé que es todo lo contrario a cómo debería alimentarse un profesional, pero ellos tampoco notan nada porque mi rendimiento no baja.

Mientras tanto, cada partido sigue siendo una final para el equipo y para mí. Hemos dejado de cobrar gran parte de nuestro salario, pero estamos obligados a jugar. Si queremos salir de esta situación, la única solución es ascender a segunda. Eso hace que estemos metidos en una situación muy retorcida. Pero es lo que hay. Si nos negamos a jugar, nos sancionan y no cobramos. Estoy seguro de que vivir esta situación tendría impacto en el rendimiento de cualquier equipo, pero no en el nuestro. Encontramos en las dificultades un elemento motivador. Lo demostramos en los dieciseisavos de final de la Copa del Rey, contra el Real Zaragoza. El Zaragoza es un equipo de primera, con grandes jugadores, sobre todo atacantes, y con una gran tradición en la Copa. Por lo tanto, un buen escaparate para darnos a conocer a posibles compradores de cara al próximo mercado de invierno.

El partido de ida en Pasarón lo ganamos 1-0 con un gol de Víctor Vázquez en los últimos minutos. La vuelta se juega dos meses después, en los primeros días de enero de 2008. Tenemos que resistir. Tenemos que hacer valer la ventaja que conseguimos en nuestro estadio. Un gol de ventaja en una eliminatoria a ida y vuelta es una buena renta. Más aún cuando todo se pone de cara con el gol de Igor de penalti. Tenemos dos goles de ventaja. Creo que podremos aguantarlo.

Sin embargo, el Zaragoza hace valer el poder de sus atacantes. Diego Milito, Oliveira y un último gol de Sergio García, en el minuto noventa y uno, nos echa de la Copa. Un 3-1 en contra y un «KO» cuando lo teníamos en nuestra mano para pasar. Es mi segunda cicatriz por una dura derrota. Al menos, salimos fortalecidos. Hemos hecho un gran papel ante un equipo destacado de primera. Hemos demostrado que somos un muy buen equipo.

Nuestra actuación en la Copa del Rey también ha enganchado más todavía a la afición con el equipo. Aunque me han recomendado que no lo haga, empiezo a salir más de fiesta por Pontevedra con el grupo de amigos que he hecho en el bar y también otras personas. Pontevedra es una ciudad muy divertida por las noches. Una tras otra, voy haciendo una muy buena relación con una persona que tiene un *pub* al que suelo ir bastante. Un tipo muy agradable, que sabe que voy asfixiado de dinero. Sin yo pedirle nada, se ofrece a prestarme dinero. No me gusta que me presten, pero en esta ocasión no le voy a negar su ayuda. Voy muy ahogado por mi ritmo de vida al que, por supuesto, no voy a renunciar. Sin salir, sería otra persona. Cuando tenga el dinero, se lo daré de vuelta. Un acuerdo que cerramos con un apretón de manos. No hace falta nada más. Él confía en mi palabra, y yo confío en él. También cuando descubro que no solo lleva un *pub* de Pontevedra. Es narcotraficante. Para mí, sin embargo, no es nada nuevo tener una amistad así. En Mallorca también las tenía. ¿Debería dejar de juntarme con gente así? Pero, ¿por qué? No juzgo a nadie por lo que hace. No quiero que lo hagan conmigo, así que yo no lo hago con los demás. Para mí lo importante es cómo se portan conmigo.

11

Meto en la maleta las últimas cosas que me llevo de vuelta a Mallorca.

Se acaba mi etapa en el Pontevedra. He sobrevivido a vivir solo durante once meses. Sin embargo, no he logrado el objetivo para el que vine: ascender con el Pontevedra a segunda. Otra vez un maldito *play-off*. Como hace un año con el Mallorca B. Es otra cicatriz en mi carrera, y empiezan a ser muchas en poco tiempo. Acostumbrado hasta ahora a ganar muchas veces, perder tanto en tan poco tiempo me cuesta mucho de asimilar.

—Pero esto es el fútbol. Desgraciadamente, Dani, aquí solo gana uno —me dijo una persona del club la noche de la derrota ante el Ceuta, por 1-2.

Sé que lo hizo para consolarme, y se lo agradezco, pero me rebelo ante la idea de que mi equipo sea el que pierda y yo tenga que conformarme. Mientras hago la maleta, vuelvo a dibujar de nuevo los momentos más importantes del partido de vuelta del *play-off* ante el Ceuta. Lo llevo haciendo desde el final del partido, y ya han pasado varios días. No me lo quito de la cabeza. Tampoco una pregunta: «¿qué podría haber hecho diferente para ayudar más al equipo?».

En esa composición mental que hago del partido también están las caras de los aficionados del Pontevedra. Llenaron el estadio tremendamente ilusionados con volver a segunda y se fueron a casa de luto. Les fallamos.

Tampoco se me quitan de la cabeza las palabras del entrenador. Para Javi, que lleva poco tiempo entrenando, hubiera sido un gran espaldarazo a su carrera el ascenso. Sin embargo, a pesar del tremendo golpe para todos, fue quien más firme se mantuvo tras la derrota. No hubo ningún reproche hacia nadie en un vestuario hundido. Javi es una de las cosas más importan tes que me llevo de mi paso por el Pontevedra. Me ha hecho más y mejor jugador, como los primeros entrenadores que tuve en el Mallorca. Entrenadores que dieron una dirección a mi juego para mejorar.

No bastaba solo con ser muy, muy rápido y regatear. Ser futbolista es una palabra mucho más completa que eso, y Javi me lo ha dado en medio de un escenario tan agresivo como la segunda B, donde lo más importante es el resultado y ganar. La supervivencia depende de eso. Pero él se ha tomado todo el tiempo del mundo necesario conmigo para hacerme mejor jugador. Por eso es todavía más doloroso para mí.

En mi composición, también los once meses en Pontevedra han sido completos a nivel personal. Dentro del equipo, por los compañeros. Pero también fuera del campo. A pesar de todos los problemas que he pasado por la reducción del salario, pude salir adelante. Echaré de menos a la gente del bar que convertí en mi segunda casa y las noches del casino en la Toja. También a varios amigos más que he hecho en la ciudad, sobre todo la persona que me dio su amistad y después me prestó su dinero. Cierro la maleta. Estoy seguro de que estos once meses quedarán para siempre en mí. Llegué aquí con pocas cosas en ella y me voy igual.

El verano me da un tiempo para descansar del fútbol y, sobre todo, disfrutar con mis amigos. Al día siguiente no hay entrenamiento, así que puedo alargar las noches hasta que me apetezca. Casi siempre hasta que amanece. También aprovecho las vacaciones para pasar tiempo con mi madre. He estado mucho tiempo alejado de ella, algo que se me hizo muy, muy duro. Tan duro como esos días cuando me fui de casa enfrentado contra mi padre para terminar durmiendo encima de mi moto.

Reactivado en mis ganas y mis ánimos después de las vacaciones, vuelvo a empezar la pretemporada con el primer equipo del Mallorca. Y otra vez, el primer día, «Goyo» nos pide hacer un dibujo. Yo dibujo lo mismo que hace un año, de nuevo unas cuantas montañas con unos pocos pájaros y algunas nubes. ¿Podrá ver ahí el entrenador todo lo que me ha cambiado Pontevedra? Sinceramente, no lo creo. Pero bueno, es lo que hay.

Tengo ilusión por quedarme en el primer equipo. Mi experiencia en el Pontevedra y todo lo que aprendí con Javi Gracia me hace sentirme más seguro. Sin embargo, los planes de «Goyo» conmigo son los mismos que el año pasado. Es decir, hacer la pretemporada con el primer equipo y después una cesión. Pero esta vez no me lo tomo a mal, como sí pasó la temporada anterior. Sabía que podía pasar. Si a un entrenador no le gustas la primera vez, es muy difícil que cambie de opinión a la segunda. Así que vuelve a repetirse lo que pasó hace un año. Un protocolo en el que mi representante habla primero con el director deportivo y después entre ambos valoran qué puede ser lo mejor para mí. De esa conversación sale una reflexión del club.

—Dani, creemos que el salto de segunda B a primera todavía es muy alto. Así que se trata de buscar un paso intermedio.

Yo lo acepto. Me parece bien. Ese paso intermedio es el Elche, un equipo de segunda. Subo una categoría. Y lo hago en un club en el que pronto me doy cuenta de que no es un paso intermedio, sino uno muy importante. El Elche tiene una gran carga histórica en el fútbol español. Ha jugado varios años en primera, a lo que suma una gran afición. También fiel a sus colores como la del Pontevedra. Además, al Elche le encuentro una ventaja más. No está lejos de Mallorca, así que algunos días libres podré viajar para ver a mi madre y a mis amigos, y ellos podrán acercarse a verme a mí más a menudo. Pontevedra estuvo bien, pero muchas veces me sentía muy lejos de casa.

Antes de firmar, eso sí, pregunto a mi representante cómo están las condiciones económicas del club. No quiero volver a pasar por lo mismo del Pontevedra. Por un contrato que se reduce en un alto porcentaje a los pocos meses de llegar. Y mucho menos, no quiero volver hacer de mi dieta pan y pollo como elementos principales durante semanas y semanas para poder mantener mi vida fuera del campo. Mi representante me asegura que eso no pasará.

—El Elche no tiene esos problemas —zanja ante mis dudas.

Entonces estampo mi firma en el contrato de cesión.

El equipo lo lleva un entrenador de características completamente diferentes a las de Javi Gracia en el Pontevedra. También a las de «Goyo» en el Mallorca. Es David Vidal. Un técnico que tiene un llamativo bigote y una voz agresiva y rasgada que impone mucho cuando haces algo que a él no le gusta. Y los primeros días, en mi caso, suele ocurrir en más de una ocasión. Si tuviera que compararlo con alguien, es como esos sargentos de las películas americanas, pero con un muy buen trato con el jugador en las distancias cortas. En las primeras conversaciones que tengo con él, me dice qué quiere de mí:

—Quiero que seas un extremo vertical, incisivo e incansable a la hora de buscar la línea de fondo y ahí dar el pase final al área.

A él le da igual cómo lo haga, pero quiere que juegue así. Yo le hago caso, aunque eso haga que tenga que olvidar conceptos que aprendí con Javi Gracia en el Pontevedra, porque más vertical supone ser menos táctico. En segunda pronto descubro que debes jugar muy rápido al fútbol, pero también debes tener un alto conocimiento táctico para comprender todo lo que pasa en un partido si quieres salir adelante. Los defensas pegan menos patadas en segunda que en segunda B, pero pegan menos porque nos le hace falta para frenarte. Su nivel es más alto en todos los sentidos, y eso les permite frenarme sin tener que darme una patada o hacerme una falta. Se imponen por técnica y colocación.

Para entender la categoría y también la ciudad de Elche, he encontrado en Iván Amaya un gran aliado. Iván es un jugador con una alta experiencia. Jugó en el Atlético de Madrid y el Rayo Vallecano, y tiene un marcado carácter paternalista conmigo. También es un chico de origen humilde como yo. Se ha hecho futbolista por su juego, pero también por su cabezonería de querer serlo.

Escucho todos sus consejos. También cuando me dice que me tengo que sacar el carné de conducir de una vez por todas. Iván es el único compañero del equipo que sabe que conduzco sin carné. Lo llevo haciendo desde años. Poco tiempo después de llegar a Elche, me compré un Audi de color blanco. El coche que llevaba soñando desde hacía tiempo, aunque está al nombre de mi exnovia. Después de volver a juntarnos en las últimas vacaciones de verano en Mallorca, y que ella me perdonara lo de la chica del bolso, se vino conmigo a Elche, pero solo hemos aguantado unas semanas juntos. Tuve que poner el coche a su nombre porque yo no tengo carné.

Decido hacer caso a Iván y voy a apuntarme a una autoescuela, que está por el centro de Elche.

La chica que me atiende me pregunta qué tipo de carné quiero sacarme. Yo no entiendo muy bien su pregunta.

—El de coche —respondo.

Ella me mira alucinada, para decirme después:

—¿Cómo que el de coche? Te he visto bajar de un coche que conducías.

Me ha *pillado*. Eso me obliga a contarle mi historia. Según le voy contando todo, veo cómo sus ojos se abren cada vez más. No puede creer lo que le estoy diciendo, pero finalmente accede a que pueda apuntarme a la autoescuela y sacarme el carné de conducir ahí. Mientras tanto, ella no dirá nada.

Por primera vez en mucho tiempo, después de los entrenamientos tengo algo que hacer por las tardes que no sea solo jugar a la PlayStation. Ocupo las tardes preparando el examen teórico. Varias horas cada día de estudio y test. Rápidamente apruebo el teórico. Es una gran alegría, porque también hacía muchos años que no me tomaba en serio eso de sentarme delante de un libro. Para el examen práctico del carné de conducir apenas necesito unas pocas clases. Las justas para que el profesor no sospeche nada. Nadie aprueba el práctico sin al menos haber dado unas cuantas clases antes.

Apruebo el práctico sin problema y por fin puedo conducir con carné. Iván se alegra muchísimo cuando le doy la noticia. Pasamos casi todos los días juntos. Si no es en el equipo, es en casa con su familia. Las buenas noticias se van juntando poco a poco, porque al carné de conducir se suma la titularidad en el equipo. Con el paso de los entrenamientos y los partidos, consigo hacer lo que el entrenador quiere de mí. Eso me consolida como jugador del once inicial. Sin embargo, los resultados no terminan de llegar. Solo ganamos un partido de los seis primeros de la temporada 2008/09. Y ahí, siempre el primero en pagar las consecuencias es el entrenador. Vidal sale del equipo después de perder 1-0 ante el Murcia. El recambio es Claudio Barragán, el segundo entrenador de Vidal hasta ahora.

Claudio es también un entrenador de carácter, con un gran pasado como jugador. Fue delantero, entre otros equipos, del Súper Dépor de Arsenio Iglesias. Un equipo que compitió contra el Barcelona y Real Madrid de tú a tú en los años noventa. Su juego era pausado, pero de una alta calidad. Dentro de sus ideas tácticas como entrenador, ha llegado con la apuesta por jugar con extremos a pierna cambiada. Es decir, un zurdo por la banda derecha y un izquierdo en la derecha. Lo hace así con la idea de que los extremos busquen la zona central del campo y, a su vez, abrir espacios por la banda para los laterales. Sin embargo, yo nunca he jugado así. Se abre de nuevo un momento de duda para mí. «¿Podré encontrar mi sitio de nuevo en el equipo?».

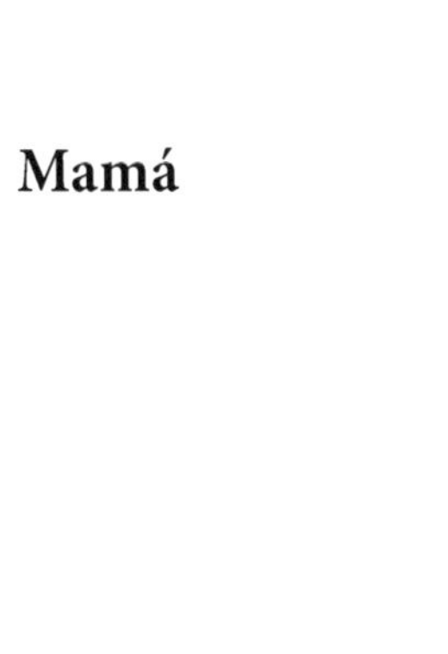

Mamá

12

Cojo la llamada y no me espero la voz que me habla: es mi padre.

No recuerdo cuánto tiempo ha pasado desde la última vez que se dirigió a mí de manera directa. Su voz suena temblorosa, algo que no me había ocurrido nunca. Mi padre es una persona de tono seco. Se hace lo que él diga, pero no conmigo.

—Te llamo porque tu madre tiene cáncer de pecho.

Sus palabras son un tremendo golpetazo para mis oídos. Le pido alguna explicación sobre cómo está, pero no hay mucha más conversación por su parte. No tiene más ganas de hablar conmigo. Solo una cosa antes de colgar.

—Tienes que venir a verla.

«Claro que voy a ir a verla. ¿Qué crees?», lo pienso, pero no se lo digo a mi padre. Ni siquiera en estos momentos es capaz de mostrar algo de cercanía conmigo. Él sabe lo importante que es mi madre para mí. Cuelgo el teléfono y no me creo lo que me ha dicho.

«No puede tener cáncer. No puede ser», niego una y otra vez para no admitir la realidad.

Miro en el ordenador información sobre el cáncer de mi madre. También veo cómo comprar el billete de avión a Mallorca. Debo estar allí lo antes posible. Quiero ver a mi madre. Abrazarla, saber cómo está y cómo se siente. No importa todo lo malo que pueda haber alrededor o lo dura que sea una situación, ella siempre tiene una sonrisa y abrazo para mí. Con mi madre a mi lado me siento siempre protegido. No hay problemas a mi alrededor. Ahora quiero devolverle todo eso.

Voy a Mallorca en el primer día de descanso que tengo con el Elche. Mi situación en el equipo se ha complicado desde la llegada de Claudio al banquillo, porque he perdido la titularidad. Ha salido la posibilidad de irme al Cádiz, un equipo muy interesado en mí, pero la situación no se termina de aclarar. Sin embargo, eso es lo menos importante. Estoy centrado solo en mi madre. Quiero verla para saber cómo está. Estoy muy nervioso en el camino a casa. Es un viaje que nunca habría imaginado hacer. No para esto. En el trayecto le doy miles de vueltas a todo lo que he leído en Internet sobre el cáncer que tiene mi madre. También las probabilidades de supervivencia: entre un ochenta y cinco y noventa por ciento, dicen las cifras que he leído. Eso me hace ser optimista. Sin embargo, cuando veo a mi madre, su cara no me cuadra con esa cifra de probabilidades. No me imaginaba que podía estar tan débil. Ha perdido toda la energía que tiene, que en ella siempre es inmensa. Me asusto mucho al verla. Tengo la horrible sensación de que la voy a perder. Pero ella, como ha hecho siempre, me tranquiliza. Ha empezado con la quimioterapia.

—Por eso estoy así, hijo. No te preocupes. Son tres meses de tratamiento para ponerme bien —me dice con tono muy suave, pero también muy apagado, para tranquilizarme.

No sabía que había empezado con la quimio y todavía menos que produce tanto desgaste en una persona. Mis abuelos me explican que no me lo han querido contar porque estaba fuera de casa y me tenía que centrar en jugar al fútbol y cuidar de mí.

Escuchar a mi madre y estar a su lado me alivia algo. Sé que es una mujer tremendamente luchadora. Lo ha sido siempre para sacar adelante a sus hijos. Ahora sé que va a pelear muy duro contra el cáncer para vencerlo. Con esa seguridad, extrañamente a la vez tan insegura, vuelvo a Elche.

El fútbol, salvo algunos momentos puntuales, como mi crisis en la selección española antes del Europeo, siempre ha sido un refugio para mí en los malos momentos. Cuando juego al fútbol, los problemas se quedan fuera, al otro lado de la línea de banda. El fútbol tiene un efecto sanador en mí. También en la angustia que vivo por el estado de mi madre. Aunque no consigo ganarme la titularidad de manera definitiva como tenía antes, he decidido centrarme en terminar la temporada con el Elche después de que no se haya podido dar mi cesión al Cádiz. Me habría gustado ir allí, pero en el fútbol no siempre uno juega donde quiere. Esa lección ya la aprendí la primera vez que subí al primer equipo del Mallorca. Sin embargo, siento que yo no le he dado al Elche y a su afición todo lo que tengo. Y eso me frustra, pero en el fútbol también hay muchos factores importantes que muchas veces un futbolista no puede controlar. El cambio de entrenador me ha afectado, porque Claudio nunca me vio como un jugador titular para el equipo. Pero, no le culpo de nada. Su manera de entender cómo deben ser los jugadores de banda pasa por perfiles diferentes a mis condiciones. Aun así, me ha dado minutos y oportunidades. No he podido aprovecharlas como me habría gustado.

Por suerte, las visitas a mi madre que hago en los días de descanso me hacen ser optimista. Sigue encontrándose débil por la quimio, pero está respondiendo bien al tratamiento. Por ahora, ella va ganando su particular partido. Eso es lo más importante para mí. Para animarla mucho más y demostrarle todo lo importante que es para mí, le cuento lo que he hecho.

—Me he cambiado el primer apellido. A partir de ahora ya no soy Daniel González. Soy Daniel Benítez. Sé que a mí también me dará fuerza para jugar mejor.

13

Voy a la casa de Quique Pina para reunirme con él.

Quique es un actor importante en el fútbol, es representante de jugadores. Pero hace un tiempo dio un paso más, y su poder se ha hecho más grande con la alianza que tiene con Gino Pozzo y su familia. Los Pozzo, italianos, son dueños de varios equipos. El principal es el Udinese, en la liga italiana, y después controlan varios por todo el mundo en los que van distribuyendo los jugadores que tienen en su propiedad. En España tienen al Granada, que Quique dirige junto con Juan Carlos Cordero, el director deportivo. Uno de los jugadores que quieren para su proyecto en el Granada soy yo. Así me lo explicó Quique en las llamadas por teléfono que tuvimos durante el verano. Iván Amaya me puso en contacto con él para hablar. Iván ha firmado por el Granada hace poco y estará conmigo en la reunión.

El Granada quiere construir un gran proyecto para ascender a segunda y Quique quiere que yo sea uno de los pilares del equipo junto a otros jugadores importantes. Antes de la reunión, él ya ha alcanzado un acuerdo con el Mallorca para mi traspaso por medio millón de euros. El Mallorca, como me dijo Nando

Pons, el director deportivo, en la reunión que tuve con él antes de venir a Murcia, necesita el dinero para hacer frente a pagos que debe a un jugador del primer equipo. Pero Nando también me señaló que dependía de mí la decisión final. Si yo acepto las condiciones del contrato que Quique me ofrece, el acuerdo se cierra con el Granada. Pero tengo que verlo bien, porque también tengo ofertas del Real Murcia y el Cádiz, un equipo que ya me quiso la pasada temporada.

Llego a casa de Quique e Iván me espera fuera para entrar los dos juntos. Quique abre la puerta y, de primeras, su apariencia me recuerda a la de los mafiosos italianos que salen en las películas. Impone por su estilo de vestir, su extrema elegancia y su pelo de color muy, muy negro. Le estrecho la mano, es un apretón fuerte, y entramos en su casa. Como ya había comprobado por teléfono, Quique tiene una tremenda facilidad de palabra para explicarlo todo y, a la vez, ir persuadiéndome. Tanto que por eso estoy aquí, aunque el Granada es un equipo de segunda B. Eso quiere decir que juega en una categoría por la que ya he pasado antes. Así que, de primeras, no estaba en mi cabeza volver atrás. En mis planes estaba jugar en primera o al menos seguir una temporada más en un equipo de segunda. Pero aquí estoy. Avanza la conversación y más me convence Quique de que el Granada es el mejor sitio en el que puedo estar en este momento de mi carrera. Una proyección conjunta. Club y jugador.

—La idea la tenemos clara. Vamos a tener el mejor equipo para ascender —dice muy seguro de sí mismo.

Eso me gusta, porque en el fútbol los presidentes siempre ofrecen buenos proyectos, pero nunca me había sonado tan seguro como lo hace Quique. Tiene trazado al milímetro cómo quiere que sea el plan para llevar al Granada lo más rápido posible a primera división.

—Sí, a primera —repite.

Voy a firmar por un equipo de segunda B, pero el objetivo es estar en primera. Definitivamente, sus palabras me convencen. Mucho más cuando me acerca los papeles con la oferta de mi contrato. Lo veo con atención y me doy cuenta de que el salario que me ofrece es bastante más alto de lo que me había dicho por teléfono. Así que mejores noticias para mí. En mi contrato también pone que me contrata el Udinese, y que los dos primeros años estaré cedido en el Granada. Así hacen los Pozzo con muchos jugadores.

La reunión con Quique la cierro con un acuerdo. Él está muy contento. Ha conseguido al jugador que quería, como dice. Pero yo estoy mucho más contento que él. Monto en el coche y, sin que Quique o Iván puedan verme, cierro los puños y celebro el acuerdo como si hubiera marcado el gol más importante de mi vida. Me siento eufórico. Es un contrato muy alto. El más alto que he tenido hasta ahora como jugador. Sé que se acabó el Mallorca, pero cero penas para mí. Nada me enturbia la tremenda alegría que siento. Ya que el Mallorca no ha querido, voy a intentar hacerlo bien en el Granada para que vean que se han equivocado conmigo. Arranco el coche y me pongo en carretera escuchando a Estopa lo más alto que puedo. El volumen hace temblar el altavoz del coche con los graves, y eso me encanta. Es pura adrenalina. Empieza una nueva y muy interesante etapa para mí. Tengo un buen proyecto por delante y mucho dinero para vivir la vida que quiero.

Después de agotar los últimos días de vacaciones en casa con mi madre, he estado casi todo el verano con ella, estoy en Granada para iniciar la pretemporada. No conocía de antes la ciudad. Es mi primera vez aquí. Pero, realmente, casi no he estado en ningún lugar de España. Mis padres, con tanto trabajo, apenas han tenido tiempo para irse de vacaciones. Por suerte, tengo a Iván en Granada. De nuevo, como hice en el Elche, me apoyo en él y su pareja. En el Elche nos hicimos amigos y después familia.

El entrenador del Granada es Miguel Ángel Álvarez Tomé. Como me pasa con Granada, no lo conocía antes. No había escuchado hablar nada de él. En los últimos años, me he acostumbrado a tener un entrenador cada año. Dos en el caso del Elche. Todos son diferentes entre sí, pero les une una cosa: si no haces lo que te dicen, por muy bueno que puedas ser, no juegas. Con Tomé es igual. Aunque no es igual mi papel.

Mi situación en el Granada es muy distinta a la que viví en las cesiones al Pontevedra o en el Elche. Allí fui como un jugador joven cedido para demostrar mi valía. Equipos que debían servirme de lanzadera para jugar en el primer equipo del Mallorca. En el Granada, en cambio, soy uno de los grandes jugadores para construir un proyecto. Esta vez no tengo esa sensación de tener un reloj marcha atrás que dirá si he aprovechado el tiempo o no para dar el siguiente paso. Además, tengo la jerarquía que da ser un jugador que ha costado mucho dinero en un traspaso. Así que se ha acabado ser un meritorio.

Sin embargo, en los primeros entrenamientos me doy cuenta de que el gran proyecto de Quique para el Granada todavía está en sus primeros pasos en todo lo que rodea al equipo. Se han fichado muchos jugadores, con salarios altos, pero las instalaciones son muy diferentes a las que estoy acostumbrado. El equipo no tiene un campo de entrenamiento propio. Unos días entrenamos en las instalaciones de la Diputación de Granada, en un campo que el Ayuntamiento nos cede. Otros días lo hacemos en un campo que hay en una vega. El dueño de las tierras ha hecho dos campos de fútbol natural y los alquila a gente que va a jugar *pachangas* con los amigos los fines de semana. Nosotros entrenamos ahí porque creo que el club ha llegado a un acuerdo con él para que nos lo ceda algunos días. Todo en este campo de entrenamiento es precario. El césped no aguanta los entrenamientos, y acaba lleno de agujeros. Peor todavía son los vestuarios. Nos cambiamos en unas casetas de plástico que apenas están aisladas. A veces el agua de las duchas sale fría. En otros, los peores, el agua sale de color marrón. A algunos de los compañeros les molesta que tengamos que cambiarnos en una caseta de plástico en la que el agua de las duchas sale de color marrón. O que tengamos que entrenar en un césped que no aguanta las sesiones de entrenamiento. Es verdad que no es lo ideal, pero a mí no me importa, porque todo se arregla cuando llega el fin de semana y jugamos en el estadio del Granada, en Los Cármenes. Es un campo de primer nivel para jugar al fútbol y con una afición espectacular que sueña con volver a ver a su equipo en lo más alto.

Mi novia y yo nos instalamos en el barrio del Zaidín, en la misma urbanización de Iván. La casa está cerca del estadio del Granada. Mi madre y mis abuelos vienen a verme. Mi madre lo ha pasado muy mal por el tratamiento de quimio, pero ahora se encuentra muy animada y reforzada en sus ánimos. Sobre todo, muy contenta por mí porque me ve bien en el equipo y en la ciudad. A veces hablamos del Mallorca. Ella sabe la ilusión que tenía por jugar ahí, pero le digo que todo está olvidado para mí. También el precio que han pagado por mí.

—No voy a ponerme esa presión, porque yo no puse la cifra por mi traspaso. Mi único interés es jugar al fútbol y llevar al Granada lo más arriba posible. Eso será bueno para el club y para mí.

Sin embargo, la noticia de mi fichaje por el Granada y que sepan que tengo una ficha importante me trae de vuelta algunos asuntos del pasado. Gente que creías que te ayudaba por amistad, pero no era así.

—Hay dos tipos enormes vestidos de negro esperándote, preguntando por ti —me dice un compañero muy sorprendido y con cara de susto.

No tengo ni idea de quiénes pueden ser. Iván me pregunta por ellos, pero no tengo respuesta.

—Ni idea, tío. Estoy igual que tú.

Yo también estoy algo asustado, porque dos tipos de negro esperándote a la salida del vestuario suena muy mal.

—Vamos a hacer algo —dice Iván, que llama a un amigo que tenemos en común en el barrio. Hemos hecho amistad con él a través de nuestras parejas. Mi novia y la pareja de Iván van a la esteticien que lleva su mujer.

—Vale, me parece bien.

Tampoco creo que pueda haber otra salida mejor para mí.

Salgo con Iván del vestuario en Los Cármenes, hemos entrenado ahí esta vez, y vamos al aparcamiento para encontrarnos con esos dos tíos enormes vestidos de negro. Al tiempo que nos vamos acercando a ellos, aparece al otro lado del aparcamiento nuestro amigo de Granada. Viene acompañado por otra persona con un aspecto tan intimidador o más que el de los dos tíos de negro a los que nos encaminamos. Lleva algo en la chaqueta, pero no soy capaz de saber qué puede ser. Casi mejor no saberlo.

—Hemos venido a echarte una mano. Por si hace falta controlar la situación —dice nuestro amigo de Granada.

Ya más tranquilo por la presencia de estas dos personas, somos cuatro contra dos, hablo con los dos tíos vestidos de negro.

—¿Qué pasa?

—¿Te acuerdas de la persona que te dejó dinero en Pontevedra? —me responde rápidamente uno de ellos, con un guion muy claro para cumplir su misión: intimidarme.

—Claro que sí —le señalo al mismo tiempo que empiezo a entender por qué están aquí.

—Quiere hablar contigo por teléfono —me dice, mientras el otro empieza a marcar los números de su móvil para hacer la llamada.

—¿Qué tal, Dani? Me alegro mucho por ti de que te vaya bien en el Granada. Pero sabes que entre nosotros hay una deuda pendiente, ¿no?

Efectivamente, quien me habla es mi *amigo* de Pontevedra que me prestó dinero.

—Sabes que tienes que pagarme —añade antes de colgar y dejar de nuevo la situación a manos de los dos tíos de negro.

—¿Qué hacemos? —me pregunta el único de los tipos de negro que habla.

—Pagar. Claro que le voy a pagar. Es su dinero y se lo voy a dar.

Realmente no he saldado la deuda no porque no haya querido. Siempre que yo echo una mano a alguien, no espero que me lo devuelva. Un favor es un favor. Pero él no lo entiende así. Está bien, no hay problema.

—Voy a casa a por el dinero —les digo a los dos tíos de negro—. Esperadme aquí.

Cojo el coche y voy a casa. Meto el dinero en un sobre y de vuelta al aparcamiento de Los Cármenes. He sido todo lo rápido posible, porque no quiero que los dos tíos vestidos de negro se queden más tiempo del necesario en el aparcamiento del estadio del Granada. Saco el sobre de mi bolsillo y se lo entrego al único de los tipos de negro que habla. Deuda saldada con esa persona de Pontevedra. También me sirve para cerrar una etapa de mi pasado que nunca pensé que volvería así de esa manera, con dos tipos vestidos de negro intentando intimidarme. Los dos tipos se marchan. Nosotros también.

—Venga, vamos a tomar algo. Os invito —le digo a Iván y a las dos personas que han venido por si hacía falta echar una mano.

14

Iván me llama para que vaya a su casa lo más pronto posible. Le pregunto qué ha pasado:

—¿Todo bien?

Pero Iván no me da ninguna explicación. Solo que vaya a su casa para vernos y hablar.

Conduzco rápido, pensando qué puede haber ocurrido. Por qué esas prisas de Iván y por qué ninguna explicación. No entiendo nada. Iván me abre la puerta con gesto serio al llegar a su casa. Nunca le había visto así. Tampoco a su pareja. Al entrar en el salón, está mi novia sentada en una esquina del sofá. Tiene la cara desencajada y pálida.

—¿Qué pasa? —pregunto.

Iván habla para decirme que mi novia tiene que contarme algo muy importante. Ellos saben que nuestra relación es mala. Mezclamos bien cuando estamos un tiempo juntos, pero no cuando tenemos que convivir todos los días. Estoy seguro de que nuestra relación está abocada a terminarse. De hecho, lo más sensato por ambas partes habría sido hacerlo ya, pero no sé muy bien porqué seguimos juntos.

«¿A qué esperamos para poner punto final de una vez a una historia con muchos capítulos que siempre acaban mal?», me lo he preguntado más de una vez, pero nunca damos el paso.

Miro a mi novia de nuevo y también me siento en el sofá, esperando a que me cuente lo que tiene que decirme.

—Estoy embarazada.

—¿Cómo? Para, para.... No puede ser —le digo con un tono alto y muy nervioso—. Estás tomando anticonceptivos para que esto no pase.

Mi carácter volcánico está a punto de estallar. Iván lo sabe y trata de calmarme. Me ha citado en su casa precisamente para eso. Frenar mi posible reacción, porque sabían que podía ser así.

—Vale. Me calmo. Pero, ¿qué vas a hacer? No vamos a tener el niño, ¿no?

Ella me intenta explicar que no sabe cómo ha podido pasar. Pero yo no le creo del todo. Eso no falla si no dejas de tomarlos aposta. Mi novia me vuelve a decir que no sabe lo que ha podido pasar, pero que está embarazada.

Debe ser una noticia de la hostia que te digan que vas a ser padre, pero no para mí. No quiero ser padre ahora. No está entre mis planes. Sé que puede ser egoísta por mi parte, pero quiero que me entiendan.

—No soy capaz de hacerme responsable de un niño. No estoy preparado para eso. Ni tú tampoco. Tener un niño tal y como estamos como pareja no tiene sentido. Un hijo no salvará nuestra relación. Al revés.

Soy sincero con ella. Pero también quiero serlo con Iván y su mujer.

Sin embargo, mi novia no cambia su idea. Quiere ser madre y está segura de su decisión. Me dice que se siente preparada para serlo, algo con lo que yo no estoy de acuerdo. Realmente, ninguno de los dos estamos preparados. Pero no puedo hacer nada más.

Ella quiere tener el bebé. Es su decisión. Tengo veintidós años y mi instinto de ser padre no fluye por ninguno de mis poros. Pero la conclusión es sencilla: voy a serlo, aunque no quiera. Tengo que ir haciéndome a esa idea. No me queda otra. Lo que debería ser la mejor noticia de todas, sin embargo, para mí no lo es.

Mi vida, que parecía mantenerse ordenada en Granada, se ha dado la vuelta por completo de nuevo. Mucho más cuando me dicen que mi madre tiene metástasis. Los médicos se lo vieron en la última revisión. Se empezó a encontrar mal después de una etapa buena. Así que nadie esperaba esto. Pero el maldito cáncer se ha expandido de manera silenciosa y cruel por su cuerpo.

—Hijo, de esta no paso.

Nada más conocer la noticia, he viajado a casa para estar con ella. Yo no quiero hacer caso a lo que me dice.

—¡Qué va, mamá! No digas eso, verás cómo vuelves a ponerte bien.

Pero ella se muestra serena y tranquila, consciente de sus palabras. Me agarra la mano con las pocas fuerzas que tiene.

—Solo quiero pedirte dos cosas para cuando yo ya no esté. Quiero que te arregles con tu padre. No podéis seguir así por tu hermano. Debes cuidar de él. Lo otro que quiero pedirte es que juegues en primera división. Estoy segura de que alcanzarás tu sueño.

Mi madre siempre se ha imaginado ese momento.

—El día que debutes en primera, iré al palco a verte con una enorme pamela. La más grande de todas para que todo el mundo me vea en el palco y sepa que soy la madre de Dani.

Pero ella sabe que el maldito cáncer no la dejará verlo.

—Tienes que prometerme que lo vas a conseguir, hijo.

—Claro que sí, mamá. Y tú vas a estar ahí para verlo.

La conversación con mi madre me deja hundido. Ha sido una despedida. Y no quería irse sin pedirme las dos cosas más importantes para ella. De vuelta en Granada, las llamadas de mis abuelos son peores cada día. Mi madre deja de valerse por sí misma. Necesita la ayuda de mis abuelos y mis tías: la hermana de mi padre, María José, y la mujer del hermano de mi padre, mi «Tita» Luisa, que siempre han estado ahí, para poder hacer cualquier cosa. Poco a poco también se van borrando todos sus recuerdos.

Es 4 de diciembre. Mi abuelo me llama para decirme que tengo que viajar urgentemente a Mallorca.

—Tu madre se nos va.

Lleva varios días en el hospital de paliativos de Can Misses de Inca. Han sido muchos los viajes a Inca que he hecho en los últimos meses desde que conocí que mi madre tenía cáncer. Unos muy duros, como el primero, y otros con esperanza. Pero esta vez sé que será la última vez que la vea. No quiero pensar en cómo haré a partir de ahora, solo quiero llegar para despedirme de ella. Porque no le queda mucho tiempo. Todo el mundo ha ido ya a despedirse de ella. En la habitación, mis abuelos y mi tía la acompañan. Es la última vez que hablaré con ella. Mi tristeza es enorme, pero al menos puedo despedirme. Fuera de la habitación, le doy las gracias a mis abuelas y a mis tías por cuidar de mi madre como lo han hecho siempre, pero, sobre todo, estos últimos meses. Ha sido muy duro para mis abuelos ver el deterioro día a día de mi madre. De su hija. Ellos están destrozados, pero se muestran fuertes como siempre han hecho. Desde fuera, escuchamos el monitor al que está conectada mi madre. Deja de marcar sus constantes vitales para empezar a emitir un pitido continuo. Entonces soy consciente del último gran esfuerzo que ha hecho mi madre por mí.

Me estaba esperando para irse.

15

Me da igual morirme. No me importa.

La gente no se puede creer que lo diga en serio. Me toman por loco, porque creen que como soy futbolista y tengo dinero, estoy obligado a ser feliz. Pero no ven más allá. No saben nada de mi vida, la que he mandado a la mierda con la muerte de mi madre. «¿Por qué ella? ¿Por qué una persona tan buena? ¿Por qué una persona tan fuerte?».

No dejo de hacerme preguntas sobre su muerte, que no tiene sentido alguno. Y mi vida sin ella tampoco. Solo el fútbol, otra vez, me aleja por unos momentos de toda mi vida caótica en la que apenas duermo y en la que todo el dinero que tengo lo gasto en el casino, en salir por la noche o en comprarme coches. Todos mis malos hábitos se han acelerado desde la muerte de mi madre. Estoy metido en el descontrol en mi vida que solo se aparca cuando juego al fútbol. Fuera del campo, todo es caótico.

Los días pasan para mí en una vida que he mandado a la mierda y en la que el equipo no termina de funcionar como se esperaba. Somos seguros en casa, donde ganamos casi siempre, pero poco fiables cuando salimos de Los Cármenes. Perdemos varios partidos seguidos fuera en el arranque del 2010, y el objetivo de quedar primeros en la clasificación, lo que te da opciones en el *play-off* de ascenso, se empieza a complicar.

Llegamos a Marbella. Un partido decisivo para el entrenador. Se lleva hablando toda la semana de que es un ultimátum para él. Sin embargo, perdemos de nuevo. Esta vez con una imagen muy mala, que acaba con una derrota por 3-1.

—Van a echarlo —nos enteramos en el vestuario del campo cuando todavía nos estamos cambiando.

A Quique y Juan Carlos se les ha acabado la paciencia. Llevaban ya varias semanas sin ella, pero siempre hay una derrota que colma el vaso y ha sido la del Marbella. Tomé no ha encontrado nunca la sintonía con el grupo.

El recambio lo conocemos pronto. Es Fabri González. Tampoco conozco nada de él. Terminamos el entrenamiento y Fabri aparece en el vestuario para presentarse ante nosotros. Alucino con su ropa. El tipo lleva una gabardina de color negro. También el pantalón y la camisa son de color negro. Tiene el pelo blanco, lleva gafas caídas y un bigote cano. Es un tipo curioso, pero parece cercano y sencillo con su acento gallego. Con él debemos espabilar para llegar al primer puesto, pero no podemos fallar mucho más si queremos conseguirlo. Solo falta mes y medio para el final de la temporada.

El primer entrenamiento con Fabri es exigente, pero divertido. Me gusta su manera de dirigir el grupo.

—Usted hágame caso y le prometo que jugará en primera —me dice eso en los entrenamientos.

Por supuesto, yo le hago caso. Es un entrenador con el que conecto muy bien. Fabri tiene dos cosas muy importantes: es buen entrenador, pero, sobre todo, es un muy buen tío. La confianza que alcanzo con él me lleva abrirme y contarle algunos de los problemas que tengo. Le cuento del fallecimiento de mi madre y del terrible impacto que ha tenido en mi vida. También todos los problemas de mi relación con mi novia. Quique y Juan Carlos Cordero conocen esos problemas, además de mis salidas nocturnas. En esta vida sin control, he empezado a salir todas las noches. En ellas, casi siempre me acompaña un gran amigo que he hecho en Granada. Un día fui a ver un partido en el barrio y ahí estaba su hijo jugando. Empezamos a hablar, porque su hijo quería que le firmara un autógrafo. Con el paso del tiempo, conectamos cada vez más. Me he convertido en parte de su familia. Pasé la Nochebuena en su casa, con su familia, como uno más. También voy a comer muchos días a casa de sus padres tras los entrenamientos. Si necesito algo, sé que él está ahí. Muchas veces, es él quien me advierte de mi descontrol.

—Dani, tienes que parar. No puedes seguir.

Yo le prometo que lo haré, pero me es imposible cumplirlo.

Quique y Juan Carlos, sin embargo, no están muy agobiados por mi vida nocturna.

«Si Dani es feliz así, déjalo» me llega sobre los comentarios que han hecho sobre mis salidas.

En el fondo creo que me entienden porque ellos también son gente de barrio, y saben cómo es la vida para los que son como nosotros. Muchas veces he intentado tener la vida perfecta que se le presume a un futbolista, pero eso no está en mi ADN. Nunca lo ha estado. Al menos sí intento hacer algunas cosas diferentes respecto al pasado. Tengo en mi habitación una hucha. Cada día meto una moneda, de un euro o dos. Depende del día. Lo hago porque sé que todo lo que tengo me lo gasto, pero al menos de esta manera puedo llegar a los últimos días de mes con algo de dinero. Es mi particular caja de ahorros para no apagar mis noches.

Con Fabri cambiamos el rumbo del equipo. Jugamos un partido vital por la primera plaza ante el Melilla. La primera final de la temporada para nosotros, porque si ganamos, nos metemos en la pelea con ellos por el primer puesto. Pero si no lo hacemos, la opción se alejará. Salimos muy enchufados y nos convertimos en un equipo imparable con un delantero increíble: Ighalo hace un gol tras otro para llegar a tres. Tariq hace dos. Goleamos por 5-1 y realmente hemos sido otro equipo. También ganamos los partidos siguientes: Roquetas, Real Murcia Imperial, Moratalla y Caravaca. La clave, no hay duda, está en Fabri. Es un entrenador que trabaja muy bien el aspecto defensivo, algo que nos faltaba antes. Somos jugadores muy buenos, pero necesitábamos trabajar más sin balón. Yo el primero de todos. Imparables, llegamos a la última jornada y estamos primeros en la clasificación. Solo vale ganar, porque el Melilla, que tiene los mismos puntos que nosotros, setenta y tres puntos, estamos seguros de que no fallará.

El partido se pone de cara pronto, con el gol de Tariq. Nos vale el 1-0, así que no arriesgamos. Siento muchos nervios, cada acción puede ser definitiva. En una jugada, agarro el balón y marco. La felicidad es máxima, llevaba mucho tiempo sin sentir nada igual. Una alegría tan brutal.

Estamos en el *play-off* por el ascenso a segunda. Sin embargo, se me vienen a mi cabeza los malos recuerdos del Pontevedra, cuando perdimos esta eliminatoria y nos quedamos sin ascenso. Subir a segunda es muy complicado, casi más que a primera. No vale solo con merecerlo en la clasificación, todo un año, sino también en el *play-off* donde te juegas todo a una carta. Y eso dura apenas tres semanas. Pero el gran final de temporada que hacemos con Fabri nos hace estar confiados ante el Alcorcón, aunque ellos llevan siendo noticia todo el año por el «Alcorconazo». Le ganaron 4-0 al Real Madrid en la Copa del Rey. Alucinante. Son muy buenos, casi incontrolables para nosotros en la primera parte. Nos han dado un baño, pero llegamos con 0-0 al descanso.

En el segundo tiempo, Los Cármenes es nuestro fortín y lo dejamos claro. Esa energía de la afición me lleva a robar un balón en la banda y salir hacia adelante. Mis piernas vuelan, sorteo al defensor del Alcorcón que intenta frenarme, pero no puede conmigo. Sigo corriendo hacia adelante y veo al otro lado del campo a Ighalo. Me van a estallar los pulmones, pero encuentro la calma necesaria para golpear el balón con el interior de mi pie izquierdo para que tome una curva a la que no puede llegar ningún defensa del Alcorcón. Ighalo recibe mi pase, veo que amaga, y vuelve a amagar, para marcar gol. Un jugador increíble. Poco después del 1-0, voy al córner.

El Alcorcón, que parecía imposible de ganar, está tocado. Cerca de caer a la lona si les damos un segundo golpe. Saco el córner e Iván marca de marca. Hacemos dos goles en apenas tres minutos. El 2-0 es una buena renta, pero no suficiente como para confiarse ante un equipo que en su campo le hizo cuatro al Real Madrid.

La llegada al estadio del Alcorcón es difícil. Hay mucha tensión en todos nosotros. Yo nunca me había sentido así antes de un partido. Nos jugamos subir a segunda, pero también mucho más. Está en juego el proyecto de llevar al Granada a primera lo más rápido posible. Sabemos que es una oportunidad única. Ellos salen fuertes al partido. Diego Mainz, nuestro defensa, resbala y están cerca de marcarnos. Es un aviso claro: vienen a por nosotros a tumba abierta.

Aunque no nos hacen gol hasta los últimos minutos de la primera mitad. La tensión nos asfixia en el vestuario con el 1-0. Fabri intenta calmarnos, poner orden y hacernos ver que todavía estamos por delante en la eliminatoria.

Sus palabras nos ayudan para aguantar las embestidas del Alcorcón en la segunda mitad. Se acabó.

Hemos logrado el ascenso a segunda gracias a Fabri y el tremendo cambio que ha conseguido en nosotros. Estamos en segunda división. Si ya era alucinante la afición del Granada, esta noche es una locura. Muchos han viajado a Alcorcón. Es mi primer gran éxito como jugador profesional. Esta vez me toca ganar a mí y no ver cómo celebran otros, como pasó en el Pontevedra.

Llegamos a Granada casi sin dormir. Desde el final del partido, todo ha sido fiesta. No tardo en comprobar que la locura en la ciudad es todavía mayor que la que hubo en el campo. El Granada llevaba mucho tiempo lejos de segunda, veintidós años me han dicho. Así que era una maldición que parecía no tener fin, pero que nosotros la hemos roto.

Subimos en un autobús que nos lleva por las calles de la ciudad hasta llegar al Ayuntamiento. Veo las caras de la gente ahí abajo y es increíble. Nunca había vivido nada igual. En el balcón, siento que llega mi momento. Agarro el micrófono y hablo a la afición. Sé que ellos tuvieron dudas de mí al principio. Les costó entender que soy un jugador y una persona que voy al cien por cien a todo. Eso me lleva a cometer errores a veces, pero es mi manera de ser. Ha sido un año muy duro para mí. El más duro de mi vida. Pero ahora me siento en una nube. Me acuerdo de la promesa que le hice a mi madre. «Solo queda un pasito más para jugar en primera», digo mirando al cielo.

Sé que ella me está viendo.

Una promesa de dos

16

Fabri entra enfurecido en el vestuario. Tiene el rostro desencajado.

Es nuestra tercera derrota seguida. Cero puntos de nueve posibles. Está claro que no es el comienzo que habíamos soñado. Esta vez la derrota ha sido contra el Albacete. Antes fue con el Betis y el Valladolid. La competición nos está dando un verdadero golpe que no esperábamos ni de lejos. Fabri alza la voz para *cagarse* en todos nosotros. Va uno por uno. No deja títere con cabeza en su bronca. Es increíble cómo perder transforma a las personas. En el caso de Fabri, una muy buena persona. No sabemos por qué, pero no hay rastro de esa conexión que funcionó con él para llevarnos a segunda. La pretemporada ya fue extraña y solo perdemos en segunda. Fabri termina su bronca y sale del vestuario. Ha pasado un huracán. Lo ha arrasado todo.

Nadie en el vestuario habla mientras nos cambiamos. Solo hay ganas de subir al autobús e irnos a casa lo más pronto posible para olvidarnos de esto y volver el próximo día al entrenamiento con la intención de cambiar las cosas. Lo que se diga ahora solo puede estropear más la situación tan complicada que vivimos. Termino de ducharme y voy al aparcamiento para subir al autobús. Fuera hay algunos compañeros y me paro para hablar con ellos sobre lo que ha pasado. Estamos alucinando con la bronca de Fabri, pero lo que pasa en el vestuario se queda ahí. No saldrá nada afuera y, por supuesto, nadie está enfadado con el entrenador. Todos estamos en el mismo barco. Fabri, después de la rueda de prensa y de respirar, supongo, llega al bus. Tiene lágrimas en los ojos. Está hecho polvo.

—Esto no puede ser —se lamenta con nosotros, esperando que entre todos encontremos una solución.

Sus lágrimas me duelen en el alma, porque son muy malos momentos para Fabri. Arrancó la temporada con una tremenda ilusión. Seguramente la mayor ilusión de su vida como entrenador: llevar al Granada a primera. Pero ahora está en la cuerda floja. En el fútbol, un entrenador, por mucho que haya hecho antes, solo se mantiene por los resultados. Sus lágrimas son de pura impotencia, como la tremenda bronca que nos ha echado en el vestuario. Pero hasta las buenas personas a veces se ven superadas por una situación límite. Eso es lo que le ha pasado a él.

Como quedamos antes de subir al autobús, ningún jugador se lo tendrá en cuenta, porque todos sabemos que, si estamos en segunda, en gran parte es por él.

Fabri llegó en uno de nuestros peores momentos en segunda B tras perder ante el Marbella y nos llevó arriba. «¿Por qué no lo mismo ahora?», nos decimos.

Llegamos a Granada a recoger nuestros coches. El viaje en autobús ha servido para calmar la situación y poner en marcha la intención de empezar de cero. Al fin y al cabo, la segunda división es una competición muy complicada porque el nivel de todos los equipos es muy parecido, pero también es una competición muy larga. Solo estamos en la tercera jornada. Quedan treinta y nueve por delante todavía. Un mundo en el fútbol.

Sin embargo, donde no hay más tiempo es en mi relación con novia. Ni siquiera el nacimiento de nuestro hijo, Francis, ha podido evitarlo, como le cuento a mi amigo de Granada, ahora también mi mayor persona de confianza.

—Se ha ido con el niño a vivir a otra casa en Granada. Intento verlo todo lo que puedo. Pero para mí es muy difícil, y más cuando su madre no lo cuida como prometió hacerlo. El padre de una amiga de mi novia me llamó al móvil para decirme que el bebé estaba en su casa. «Tu novia se ha ido de fiesta con mi hija desde ayer por la tarde, y es domingo por la mañana y todavía no ha vuelto», me dijo el señor. Bueno, pues fui a por el niño a su casa, con la cabeza a tres mil revoluciones. Recogí al niño y me lo llevé. En un primer momento, no quería dárselo a su madre después de eso, pero me tranquilicé y finalmente lo llevé a su casa. Me di cuenta de que, si no lo hacía, tenía mucho que perder yo. Eso sí, lo hice con su promesa de que eso no volvería a pasar. Si vuelve a pasar, no sé cómo será mi reacción. Desde ese día, apenas he tratado con ella. Solo voy a ver al niño y poco más —le explico a mi amigo.

Necesitaba contarle todo.

A él le preocupa mucho todo lo que me pasa. Cuida de mí. También le preocupa que la gente de Granada hable cada vez más sobre mis salidas por la noche. Pero a mí me dan igual los comentarios de otros. Todos los jugadores del equipo salen también, lo único que se habla más de mí porque he adquirido más protagonismo en el equipo. Después de un comienzo con dudas a mi llegada, estoy jugando muy bien. De hecho, me siento en el mejor momento de mi carrera. En el fútbol todo es cuestión de rachas, como en una noche en el casino. Si tienes una buena racha, todo sale. Ahora estoy en una racha buena y tengo que aprovecharla. Pero yo también sé que la gente no solo habla sobre mis salidas. También lo hacen sobre mi futuro en el club. Incluso hay gente que me lo pregunta cuando salgo por las noches.

«Dani, vas a seguir aquí con nosotros, ¿no?».

Pero no lo sé ni yo todavía. Soy jugador en propiedad del Udinese y me queda esta temporada en el Granada. Mi intención es seguir en el equipo si subimos a primera. Y si no, también. Estoy muy bien en la ciudad, pero al final no siempre las cosas dependen de uno. También los medios de comunicación me preguntan sobre mi futuro en el club. Me llegan bastantes peticiones de entrevistas, a las que siempre digo que sí. También me llaman para participar en otras cosas.

—¿Te apetece hacer un chat en directo? —me sugieren desde uno de los medios más importantes de Granada.

—Sin problema, lo hacemos —respondo a la petición.

Nunca había hecho un chat en directo todavía, así que me parece algo divertido.

Llego a la redacción del periódico y me siento en una silla delante de uno de los ordenadores. Me explican cómo será la dinámica de la charla. «Puede que haya preguntas un poco incómodas», me avisan.

—No hay problema, que la gente pregunte lo que quiera.

Ni siquiera me molesta cuando llega la pregunta sobre mis salidas por la noche en Granada y los mejores sitios para mí. Lejos de evadir la respuesta, quiero responderla y recomiendo varios sitios.

—Me gustan Gavinet y Fórum Copas. Y para comer, el Chikito —escribo.

Tengo una gran amistad con el dueño del Chikito, Luis. Él fue jugador del Granada y desde el primer momento que nos conocimos me ha tratado como un hijo porque sabe que no tengo familia aquí. Es una de esas personas que siempre llevaré en mi corazón.

El redactor que está conmigo me mira y se sorprende de que responda así, pero por qué no voy a hacerlo. Nadie puede cuestionarme por lo que hago en el campo. Al equipo tampoco. Después de una mala racha al comienzo de la temporada, nos hemos hecho a la segunda división. Llegamos al parón de Navidad novenos en la clasificación con veinticuatro puntos. El ascenso directo está lejos, a diez puntos, pero solo a uno del *play-off*. Fabri lo ha vuelto a hacer. Nos ha recuperado de nuevo para pelear por otro ascenso, esta vez a primera.

Al margen del fútbol, intento participar en todos los actos benéficos y sociales que organiza el club. Me gusta hacerlo, me gusta sentirme cerca de la gente. Varios jugadores vamos camino al centro penitenciario de Albolote, a media hora de Granada, para estar con los reclusos. Desgraciadamente, conozco perfectamente lo duro que es la vida dentro de la cárcel. Uno de mis primos ha pasado once años allí por tráfico de drogas. Pero es más duro cuando tienes familia fuera, y sabes que ellos también tienen que pagar tu castigo por ti. Para la familia es muy complejo decirle a la gente que tienes a tu padre en la cárcel y que no quieran apartarse de ti por prejuicios o por miedo. Así que no te queda casi nada. Por eso ayudé a la familia de mi primo en todo lo que pude. Sobre todo a su hija. No creía que ella debía pagar también la pena por su padre. No merecía cargar con sus errores. Siempre que lo necesitaba, intenté ayudarlos para comer, para comprar ropa o cualquier otra cosa.

La cárcel de Albolote es un espacio frío y muy incómodo, pero los reclusos se abren con nosotros de primeras. Para ellos, nuestra visita es una bocanada de aire fresco en medio de días que son iguales desde que se levantan hasta que se apagan las luces. No lo esperaba, pero aquí todos me conocen muy bien. Saben todo lo que hago cada partido, me señalan mis aciertos, mis jugadas, pero también algunos de mis fallos. Lo hacen con un tono cariñoso y cercano hacia mí que hace muy divertida la conversación. Terminamos la charla con ellos y nos vestimos con ropa de deporte, las botas y jugamos un *partidillo* con ellos.

—Ostras, cuidado que van fuerte, ¿eh? —nos decimos entre los compañeros.

Ellos van al máximo; cada balón lo disputan como si se tratara de un partido de verdad. Las sensaciones son increíbles, porque siento que por un momento ellos se liberan de todo y solo piensan en el fútbol, como me pasa a mí también cuando juego.

Terminamos el *partidillo* y le doy mis botas a uno de los reclusos, que juega bastante bien. Quiero tener al menos un gesto con ellos por su gran acogida. En ningún momento nos hemos sentido en una cárcel, sino en una tarde cualquiera con amigos con los que he compartido vivencias. Muchos de los reclusos son aficionados del Granada. Algunos me han contado lo difícil que es para su familia que ellos estén en la cárcel.

—Si necesitáis algo, cualquier cosa, ya sabéis dónde estoy —les digo.

El equipo va cada vez mejor. Nuestro ritmo de resultados nos ha llevado a pelear por los puestos de *play-off* y, por lo tanto, la opción de subir a primera. En Los Cármenes hay aficionados a los que he tomado gran cariño. Hay una pareja de personas mayores que son muy cariñosos conmigo. Los busco antes de cada partido para saber que están ahí animándome. Ellos me saludan cuando me ven. Sin embargo, nos lo vi en el último partido. Me resulta extraño y también me preocupa.

«¿Estarán bien?».

Pero no sé cómo contactar con ellos.

El primer entrenamiento después del partido, una mujer alta y morena se acerca a mi coche.

—¿Puedo hablar contigo, Dani? —me dice con mucha educación—. Soy la hija de la pareja de señores mayores que van todos los partidos en casa a ver al equipo. Creo que sabes quiénes son.

—Sí, claro. ¿Qué ha pasado? ¿Están bien? —pregunto alarmado.

—Sí, sí, no te preocupes. El problema es que mi madre tuvo una caída y se ha roto la rodilla. Ya sabes que ellos te tienen mucho cariño, pero no sé si podría pedirte un favor... No sé si te importaría un día ir a verla a casa. Estoy segura de que eso la animará.

—Por supuesto, cuando quieras quedamos y voy a verla. No hay problema.

Quedo con ella después del entrenamiento para ir a ver su madre a casa. La mujer está muy fastidiada, pero muy contenta de que haya ido a verla. Tiene la misma sonrisa que cuando me ve en el campo.

—Para mí es un placer, no se preocupe. Lo importante es que se recupere y pronto pueda ir al campo —le digo en medio de un abrazo.

Paso un rato muy agradable en su casa con su marido y su hija. Me gusta estar con la gente de Granada. Si alguien necesita algo de mí, saben que siempre intento estar ahí para ayudar.

Sin embargo, también hay días que necesito alejarme de todo y tener tranquilidad. Para eso he encontrado mi lugar: el cementerio. Fui un primer día con mi amigo de Granada para acompañarlo. Él tiene varios amigos y familiares allí. Cada visita repetimos el mismo ritual: paramos en cada una de las tumbas, las limpiamos, ponemos flores y mi amigo tiene después un momento íntimo y de respeto con cada uno de ellos. Puedo sentir por sus gestos todo lo que significan para él. También voy yo solo al cementerio los días de partido o algunas mañanas o tardes entre semana, sobre todo cuando en algún partido las cosas no han ido como quiero.

En el cementerio puedo pasear tranquilo, en medio del silencio de la gente y entre mis pensamientos. Aquí soy anónimo. Salir por Granada a veces es complejo, porque la gente me para por la calle para una fotografía, un autógrafo o unas palabras de ánimo. Más todavía con el equipo metido en puestos de *play-off* y todo el mundo hablando de la posibilidad de subir a primera. Se lo agradezco a todos de corazón, pero a veces me siento ahogado en medio de tanto protagonismo.

En los largos paseos por el cementerio, recuerdo también a mi madre. Ella está enterrada muy lejos de aquí, pero este espacio me ayuda a recordarla con cariño. Es un lugar de conexión con ella y, a la vez, de refugio para mí. Los días de partido en casa y cuando termino el paseo por el cementerio, voy directo al estadio. Fabri no suele concentrarnos, prefiere que los jugadores pasemos la noche de antes en casa tranquilamente y no en el hotel. También la visita al cementerio me ayuda a concentrarme. Ese paseo me hace llegar más tranquilo antes de que empiece la «guerra», el partido.

Solo mi amigo de Granada y algunas pocas personas más saben de mis visitas al cementerio antes de los partidos, pero nadie del equipo. Al menos que yo sepa. Lo conocen todos cuando hago una entrevista para una televisión. Me han pedido pasar un día conmigo para conocerme más de cerca. Quieren saber cómo soy y qué hago en mi día, más allá del fútbol. Voy con el periodista y el cámara a algunos de los rincones más habituales para mí en Granada, entre ellos el cementerio. Ni siquiera se lo había contado a Mikel Rico, un compañero con el que tengo una muy buena relación. Mikel llegó en la pretemporada. Es una persona que prefiere mantenerse alejado e ir a su rollo. Como yo. Sí se lleva muy bien con todo el mundo en el equipo, pero no llega a ser amigo íntimo de ninguno. Creo que nuestra personalidad es parecida, eso ha hecho que estemos unidos. Y doy gracias de que haya sido así, porque es una persona increíble. Mikel, como hace mi amigo de Granada, intenta que cambie mi camino, que me cuide más para explotar todo mi potencial. Para él, como dice, soy un tipo fuera de lo normal.

—No entiendo con lo poco que te cuidas, cómo puedes correr tanto y jugar a este nivel —me repite muchas veces.

17

No sé cuántos metros hay desde el mediocampo hasta el punto de penalti. Creo que son cincuenta o cincuenta y cinco. No es mucho. Pero esta vez se me está haciendo un camino infinito.

Aunque estoy en medio del campo, y el estadio de Los Cármenes lleno de gente en el partido de *play-off* de vuelta ante el Celta, no sé por qué me siento solo. Es una sensación extraña. Tampoco consigo tener un sonido claro de lo que pasa a mi alrededor. Es como cuando estoy bajo el agua y hay ruido fuera. Solo escucho murmullo. En el partido he fallado dos penaltis. En el primero, busqué ajustar lo máximo posible a la esquina, pero el palo escupió el balón fuera. En el segundo, quise asegurar con un disparo con más potencia y menos colocación, pero el portero se hizo muy largo para sacar el balón fuera.

Voy hacia mi tercer lanzamiento de penalti en un mismo partido. Nunca había vivido algo como esto, pero no tengo miedo. No me preocupa qué me pueda pasar y qué dirán sobre mí si vuelvo a fallar. Pero sí me siento muy responsabilizado por mis compañeros y la afición. Nos les puedo fallar otra vez.

Llego al área y recojo el balón del suelo. El portero del Celta, mientras tanto, empieza su actuación para intimidarme. Me mira fijamente a los ojos y me dice algo que no llego a entender. Sigo con esa sensación en los oídos de estar bajo el agua. Aunque no consigo entender lo que me dice, me lo puedo imaginar. Está bien, no me importa. Él está en su papel. Yo en el mío: concentrado solo en el lanzamiento. Me da igual lo que me diga.

Pongo el balón en el punto de penalti, no sin mirar antes que el punto blanco esté bien, que no haya ningún bulto o trozo de césped que pueda perjudicar mi golpe o hacerme resbalar. A veces en ese juego de intimidación, los porteros distraen a los lanzadores mientras hincan sus tacos en el punto de penalti para destrozar este sitio. Dejo el balón suavemente ahí, todavía sin tener muy claro cómo lo voy a lanzar.

Si golpeo fuerte, tal vez se me pueda ir arriba. Si busco un ángulo muy alejado del portero, puede que se vaya al palo otra vez. Si busco un disparo seguro, puede que pase lo de antes, que mi disparo no sea del todo angulado y al portero le dé tiempo llegar al balón si hace una gran estirada. No tengo una estrategia muy definida. Realmente ninguno de los jugadores que lanzamos en la tanda de penalti lo hacemos con una estrategia predefinida. Sí trabajamos de vez en cuando los penaltis con Fabri en los entrenamientos, pero en esta ocasión es algo precipitado y nervioso. No se puede entrenar una situación como la que estamos viviendo, con las pulsaciones disparadas.

Después del final de la prórroga, Fabri no ha hecho una lista de qué jugadores van a lanzar y en qué orden. No lo ha hecho porque algunos compañeros, y los entiendo, han preferido no hacerlo. Si no estás seguro, es mejor decir que no. Así que los lanzadores hemos salido de un corrillo de jugadores y el orden es casi aleatorio.

Soy el cuarto en la lista de lanzadores. Y me toca lanzar en una situación muy complicada, porque si fallo mi penalti y el Celta marca el suyo, se acabó. Pero si marco, no servirá de nada si el Celta no falla uno de los penaltis que les quedan. Por ahora, es un 2-3 a favor de ellos. Doy unos cuantos pasos para atrás, sin perder la mirada al portero. No quiero evitarle la mirada bajo ningún concepto. Es un desafío entre ambos. Ya he fallado dos veces, pero no voy a fallar la tercera. Inspiro fuerte para llenar de aire mis pulmones. Lo aguanto un instante y suelto el aire.

Ya sé cómo lo voy a lanzar.

Corro suavemente hacia adelante, posiciono mi cuerpo orientado hacia mi pierna izquierda suavemente, tengo la cabeza arriba, sin perder la mirada al portero y le doy al balón con el interior de mi pie izquierdo con un golpeo seguro, tenso y al lado del contrario del movimiento del portero.

—¡Te he engañado! —le digo al portero a la vez que pegó un pelotazo a la red después que esta haya escupido el balón desde dentro.

Celebro el gol con rabia, porque si lo hubiera hecho antes desde el punto de penalti, no habría llevado a mis compañeros a esta situación. Habríamos ganado 2-0 y listo. Todos estaríamos en el vestuario celebrando como locos que jugamos el último duelo por el *play-off* a primera. Pero fallar esos dos penaltis nos ha llevado a todos a esta situación de máximo riesgo, muy cerca de quedarnos sin la posibilidad de subir a primera.

Vuelvo al centro del campo para reunirme con mis compañeros y ver desde ahí el lanzamiento del Celta. Algunos compañeros me felicitan por mi valor de haberme atrevido a lanzar un penalti después de haber fallado dos antes. Otros intentan animarme porque saben que, aunque he marcado, siento rabia. Todos los compañeros que estamos en el mediocampo, nos alineamos y juntos volvemos a mirar desde ahí al punto de penalti. Necesitamos que el Celta falle el tiro para igualar la tanda. Pero Quique de Lucas no lo hace. Es un 3-4 para el Celta y solo queda un penalti.

Mi compañero Óscar Pérez no puede fallar. Cara o cruz y, por suerte, sale cara. El siguiente lanzador del Celta es «Michu», un delantero tan grande como su calidad. El estadio suma toda la presión que puede, es una olla a presión. Roberto, nuestro portero, también actúa para intimidarle. Y lo consigue.

«Michu» apuesta por un disparo arriba, pero a veces un disparo arriba puede irse más allá de lo deseado. Su golpeo se va por encima del larguero. La afición del Granada estalla de alegría, y nosotros desde el mediocampo también. Un 4-4. Todo vuelve a empezar. A partir de ahora, si fallas, se acabó. Máxima apuesta, todo o nada. Nuestro sexto lanzador es Roberto, el portero.

Roberto es un tipo atrevido y se le da bien jugar con los pies. En los entrenamientos muchas veces intercambia su papel y tira los penaltis, mientras un compañero de campo se pone bajo palos. Pero esta vez es bajo una situación límite, nada que ver con la tranquilidad de un entrenamiento donde lo máximo que te juegas es alguna comida o cena con un compañero. No sé si mirar de lo nervioso que estoy. Creo que la mayoría de los aficionados en el estadio hace lo mismo. Roberto toma carrerilla y marca: 5-4 para nosotros. ¡Vamos! El guion ha cambiado. El Celta necesita marcar para seguir con vida. Ahora ellos están al borde del abismo. Roberto vuelve a su papel, el de portero intimidador al jugador del Celta. Garai es su lanzador. Lo sé porque leo el nombre en su camiseta. No tengo ni idea de cómo puede tirar el penalti. Imagino que Roberto sí, porque lo habrá estudiado. O no, y apostará por su instinto. Miro fijamente al punto de penalti, al jugador del Celta y a Roberto. ¡Ganamos! Roberto para el lanzamiento.

Un golpeo del jugador del Celta lento, dudoso e intimidado por Roberto, cuya figura se ha hecho gigante. Es la locura en Los Cármenes. Hemos vuelto a la vida cuando parecíamos muertos. Todos salimos corriendo para ir a celebrarlo con Roberto, quien sale corriendo hacia un lado del campo después de convertirse en héroe. Yo corro también bajo una alegría y locura que no puedo controlar. Solo queda el último paso para llegar a primera. El Elche, precisamente mi último equipo.

18

Odio las concentraciones.

Siento mucha ansiedad cuando tengo que estar concentrado con el equipo en los hoteles antes de los partidos. En los de casa, hemos negociado con Fabri no hacerlo, pero en los partidos de fuera, viajando la noche anterior al partido, es imposible librarse de la concentración en un hotel. Encima llevamos dos seguidas por el *play-off* de ascenso. Jugamos cada tres días. Primero nos concentramos en Vigo antes del partido contra el Celta. También lo hacemos antes del partido contra el Elche, aunque durmamos en Granada. Por la mañana viajamos en autobús a Elche. Lo hacemos con la eliminatoria empatada a cero después del partido en casa, jugado con mucha tensión. Aunque nos jugamos el ascenso fuera, estoy seguro de que vamos a subir. Llevo convencido de hacerlo desde que nos metimos en el *play-off* por el ascenso.

En las concentraciones, tengo dos costumbres para comer que no entran dentro de la dieta habitual de un jugador profesional. Bebo Coca-Cola. No bebo casi nada de agua durante el día. Solo en los entrenamientos y en los partidos, pero muy poca.

La justa porque no me gusta. Además, acompaño casi todas las comidas con mahonesa. Lo hago así desde niño, y no he podido cambiarlo según he ido creciendo. Tampoco me gusta la pasta con tomate, así que el delegado del Granada, con quien tengo una gran confianza, siempre me pide una tortilla francesa como primer plato. De segundo, eso sí, como pollo como todos mis compañeros, pero con mahonesa.

Pero no solo algunos de mis hábitos para comer están fuera de la rutina habitual de la concentración de un equipo profesional. Lo peor para mí es cuando toca irse a dormir. Normalmente subimos a la habitación a las diez y media de la noche. Como mucho, lo alargamos media hora más. Hasta las once. Sin embargo, en mi rutina diaria, las once es la hora en la que me pongo en marcha para salir de casa por la noche. Mi día a día en casa es radicalmente diferente a las aburridas concentraciones en los hoteles.

Después de cada entrenamiento, paro a comer algo fuera de casa y me voy a dormir la siesta. Descanso varias horas y después me preparo para salir. Muchos días duermo muy poco antes del entrenamiento, o ni siquiera nada. Es mi rutina diaria. Estoy acostumbrado a vivir de noche y dormir de día, así que se me hace imposible dormir en los hoteles. Por eso necesito la ayuda del médico del Granada. Una pastilla para poder dormir y, además, romper la ansiedad que me produce estar encerrado en una habitación tanto tiempo. Mientras tomo la pastilla, siempre miro a Mikel, mi compañero de habitación. El tipo duerme a pierna suelta desde que se mete a la cama. Se olvida de todo y a dormir. Así de simple. Sin embargo, yo no puedo. Pero tampoco puedo hacer nada en la habitación para distraerme porque no quiero molestarlo. Pasa mucho tiempo hasta que por fin la pastilla para dormir surge efecto y consigo dormirme.

Me levanto fresco. He dormido unas cuantas horas. Suficientes para mí, porque no necesito dormir mucho para encontrarme bien. Nos preparamos para salir rumbo a Elche. Me pongo mis cascos, con música de Extremoduro. En el viaje en autobús ningún compañero habla. Se nota que el ambiente es más tenso de lo habitual.

Hay mucho silencio, pero se rompe por un tremendo golpe que escuchamos en uno de los cristales del autobús cuando vamos a entrar en el estadio del Elche. «¡Buum!». Han tirado algo contra nuestro autobús. Parece que ha sido una piedra, y bien grande. Se ha partido el cristal pero, por suerte, no se ha roto. Si lo hubiera hecho no sé qué le podría haber pasado al compañero que está sentado junto a esa ventana. Pero ese golpe no es el único. Algunos aficionados del Elche empiezan a lanzar más cosas contra nuestro autobús. Sentimos la necesidad de llegar a las *tripas* del estadio lo antes posible para refugiarnos.

Los partidos durante la temporada han sido tensos contra el Elche. También el primer partido del *play-off*, pero no esperábamos este recibimiento. Al llegar dentro del estadio, nos miramos y nos aseguramos de que todos estamos bien. No hay daños. Rebajamos los nervios por lo vivido y nos enfocamos de nuevo en el partido. Vuelvo a ponerme mis cascos, con Extremoduro como banda sonora. Me cambio también con la música de Extremoduro. Es mi rutina antes de cada partido: música y un mensaje que no paro de repetirme: «Soy el mejor. Soy el mejor».

Solo me quito los cascos cuando Fabri nos da la charla táctica para el partido. Esta vez, sus palabras señalan lo que nos vamos a jugar en noventa minutos: subir a primera. Es decir, a vida o muerte. Fabri nos habla de táctica y cómo ejecutar las dos jugadas que siempre tenemos preparadas para romper al rival al contragolpe. En su charla, también nos habla de orgullo y de la resistencia que hemos demostrado toda la temporada para llegar hasta aquí. Salimos al campo y el ambiente es muy hostil hacia nosotros. Sobre todo, contra mí. Guardo un grato recuerdo de la afición del Elche, de mi paso por aquí, pero esta vez soy uno de sus grandes enemigos. Me han dicho que un aficionado del Elche lleva una botella en la que está mi cara en la pegatina. «Dani Beefeater», pone.

No le doy más importancia, porque solo quiero estar concentrado en el partido.

Juego muy tenso. Soy un jugador al quc lc gusta plancar poco y ejecutar a máxima velocidad. Sin embargo, mido cada paso que hago y cada acción. No quiero fallar, porque todo es tan ajustado en la eliminatoria ante el Elche, que cualquier mínimo fallo puede acabar en un error y un gol en contra. Y tal como está planteada la eliminatoria y el partido, un gol en contra puede ser el final de todo.

A la presión que siento cada vez que toco el balón se suman los pitos de la gente. Me cuesta jugar, pero poco a poco me voy acostumbrado a la tensión del partido, mientras los pitos de la afición del Elche pierden intensidad con el paso del tiempo. El partido está muy cerrado, pero veo un hueco a la espalda de la defensa del Elche. Es un hueco que Ighalo convierte en un *boquete* cuando corre al espacio. Es una de las jugadas que tenemos en nuestro «libro de estrategias»: balón al centro del campo, Fabián Orellana descarga a la banda, y desde ahí yo doy el pase a Ighalo hacia adelante.

El pase me sale muy raso, diagonal y tenso hacia Ighalo, que ha roto a la defensa del Elche. Desde mi posición en la banda lo veo llegar al balón, y también cómo supera la salida del portero para escorarse hacia el lado izquierdo del campo. Ighalo siempre tiene una misma jugada: amaga con el disparo y así regatea al defensa. Es siempre la misma jugada, pero los defensas nunca lo paran. Lo hace también con el defensa del Elche, que pasa patinando por delante de él.

—¡Tira ya, tira ya!

El portero se le acerca por detrás y se le cierran los huecos en la portería para hacer gol, pero él lo encuentra.

—¡Vaya golazo, cabrón! —le grito a Ighalo cuando intento *cazarlo* para celebrar el gol, pero él también me supera con su amague. Gira a un lado y sale por el otro.

Estamos 0-1 en el marcador. Y un gol en un partido así es un tesoro que tenemos que guardar como si nos fuera la vida en ello. Miro cada poco el reloj. El tiempo se hace eterno. Fabri nos dice en el descanso que esperemos atrás e intentemos cazarlos en una contra para hacer el segundo. Pero no lo conseguimos hacer. El tiempo sigue sin correr. Cada minuto me parece una hora. Más todavía con el 1-1 de ellos en el minuto noventa. El resultado sigue valiendo a nosotros por el valor doble de los goles, ya que quedamos por delante de ellos en la clasificación. No paramos de decirle al árbitro que pite ya.

—¡Ya se ha cumplido el tiempo! ¡Pita ya, por favor!

Yo también se lo grito, aunque casi no pueda por el cansancio. El árbitro por fin lo hace. ¡Estamos en primera!

Levanto los brazos y me giro para abrazarme con varios compañeros, pero detrás de ellos veo cómo una multitud de gente salta al campo. Salen por todos lados y vienen directos hacia nosotros. Corremos hacia el túnel de vestuarios.

«Como me toque uno, le suelto una hostia», me digo para prepararme ante lo que pueda pasar.

A mí no me tocan, pero sí veo cómo a Ighalo le pegan un golpe en la cabeza y a Roberto, nuestro portero, lo agreden con más fuerza. Consigo llegar cerca de la entrada a vestuario, donde está la Policía para hacer un cordón y meternos en el pasillo rápido. Al mismo tiempo que nos ayudan a entrar, repelen a los aficionados en su intento de llegar hasta nosotros. Están furiosos y yo solo quiero llegar al vestuario. No tengo ni una gota de energía en mi cuerpo.

Camino lento y me tiro al suelo cerca de la entrada de nuestro vestuario. Casi no puedo respirar. Me quito la camiseta, que es como si pesara varios kilos. Me cuesta un mundo hacerlo. Me desato los cordones de las botas lentamente, porque me ahogan los pies. Bebo un poco de agua. No me gusta, pero lo necesito. A mi alrededor, todo es caos. Miro a mi derecha y hay algunos compañeros a los que todavía les queda algo de energía para celebrar el ascenso. A mi izquierda, hay otros compañeros discutiendo con los jugadores del Elche. Empujones, gritos, algún amago de puñetazo y la intervención de la Policía para que la montonera no vaya a más.

Yo no tengo fuerzas para estar en un lado ni en otro. Necesito un tiempo de pausa para recomponerme del partido. Ha sido duro, tenso y con la presión de la afición del Elche sobre mí. Un partido agónico, como toda la eliminatoria. Ninguno hemos logrado ganar al otro. Pero esta eliminatoria es un reflejo de todo el año que he vivido. Me acuerdo mucho de mi madre.

«He cumplido mi promesa, mamá», digo mirando arriba.

Realmente, estoy aquí por ella. Se fue, pero sé que ella me ha llevado hasta la meta: la primera división. Me ha cuidado y me ha protegido desde arriba en los momentos más difíciles.

Me toco el tatuaje que me hice por ella. Es un payaso triste. Me lo hice porque mi madre era una persona tremendamente divertida, «mi payasita» como le decía siempre.

Sin ella, la alegría se llenó de tristeza. En cada partido su recuerdo ha estado en mi cabeza. También en los goles, con la celebración con una nariz roja.

—¿Y eso? ¿Por qué? —se sorprendieron mis compañeros al principio cuando empecé a celebrar los goles con la nariz roja.

—Por mi madre, pero también lo hago por un amigo de Palma. Colabora en acciones para hacer mejor el día a día de niños con leucemia y me comentó que podía ser divertido que celebrara los goles acordándome de ellos con una nariz roja. Por eso lo hago. Y me encanta.

Desde que supieron la razón, creo que todos mis compañeros querían que yo marcara los goles del equipo. Al final, han sido doce. Nunca había marcado tanto en una misma temporada pero, sobre todo, me siento muy feliz por si les he podido trasladar a esos niños la alegría de mis goles. Y, también, cada gol ha sido para mi madre.

Sigo sentado en el suelo cargando mi batería, mientras el lío que estaba a mi izquierda se diluye y la fiesta en nuestro vestuario crece cada vez más.

«Vamos dentro», me digo levantándome, con la sensación de tener el cuerpo molido.

Me duelen las piernas, la espalda, cada parte del cuerpo donde me han dado los defensas del Elche. Pero es momento de celebrar con los compañeros. Abrimos varias botellas de champán. Voy a buscar a Fabri y lo abrazo. Está lleno de felicidad. Me alegro mucho por él. Se lo merece por todo lo que ha hecho con nosotros y, en especial, conmigo. Nuestro camino en segunda comenzó con tres derrotas seguidas y con Fabri hundido. Ahora todo es felicidad. Me cambio y me preparo para lo que sé que serán varios días de locura en Granada con la afición.

Somos equipos de primera. Soy jugador de primera división.

19

Me quedo a pasar las vacaciones en Granada. No quiero salir de aquí. Después de un año muy difícil, tengo ganas de desconectar.

No voy a Mallorca como hago siempre. Está muy reciente todavía la muerte de mi madre, y allí se acumularán más recuerdos. Pero también lo complica la mala relación que tengo con la madre de mi hijo. Ella dificulta mucho el que lo pueda ver. Así que no quiero amargarme el verano yendo a Mallorca y pelearme con ella por ver a mi hijo. Además, las cosas siguen mal con mi padre. Estoy intentando arreglarme con él por la promesa que le hice a mi madre: estar bien con él por mi hermano. Pero sé que mi padre no cuida de él como debe. Mi hermano me lo cuenta en las llamadas que hacemos.

Mi padre se pasa casi todo el tiempo fuera con su novia. La conoció cuando mi madre todavía estaba viva, en sus últimos meses. Lo sé porque me lo contaba la gente de Inca, que lo veían con ella, aunque él no lo supiera. Tener una relación con otra mujer mientras mi madre luchaba contra el cáncer y su comportamiento tras la muerte de mi madre lo ha separado de la familia de mi madre, pero también de la suya. Se empiezan a dar cuenta de por qué no he tenido trato con él.

Sin embargo, a mí no me importa lo que él haya hecho o haga con su vida, pero sí le obligo a que cuide de mi hermano. Yo participo en todo, como darle el alquiler íntegro mensual del piso que tengo en Mallorca. Novecientos cincuenta euros.

—Esto es para que mi hermano tenga lo que necesite. Instituto, el fútbol, ropa... —le dejé claro desde el principio. Ese dinero es solo para él.

La idea de mi hermano es venirse a vivir conmigo, y a mí me gustaría mucho, pero no puede hacerlo porque es menor de edad y tiene que estar con mi padre, que es quien tiene su custodia.

—Hermano, te entiendo, pero vamos a esperar y cuando puedas, te vienes. No vamos a meternos en líos —hablo con él.

En Granada sí está mi amigo Javier, «El Borla». Se ha venido a vivir conmigo un tiempo para salir de una mala racha después de romper con su novia.

—Dani, necesita irse contigo a Granada porque se me hunde —me pidió su madre.

Tenemos un calendario para las vacaciones. Casi un mes entero. Nuestra «base» está en un chalé en el pantano de Cubillas, cerca de Granada. La casa no tiene luz, porque está en una urbanización que todavía no se ha entregado. Pero nos da igual, nos apañamos con velas. Estamos aquí porque mi amigo de Granada es uno de los promotores y me ofreció quedarme en uno de los chalés al terminar la temporada. Dejé mi piso de alquiler después de separarme de mi novia y que se terminara el contrato de alquiler. Como todavía no sé qué voy a hacer, acepté la propuesta de mi amigo de irme al chalé. Pero realmente apenas pasamos tiempo en él. Solo paramos para dormir o para alagar las noches. El resto del día estamos fuera.

Por las noches, salimos de fiesta por Granada. Vamos a todas las discotecas que sabemos que están bien. Siempre pido vodka, hasta la mitad de la copa, con refresco de naranja. También vamos a varios casinos. El Torrequebrada en Málaga es uno de los habituales para nosotros. Hago Granada-Málaga en media hora en coche. El de Torrelodones, en Madrid, en menos de tres horas. Y el de Águilas, en Murcia, en poco más de cuarenta minutos. También algunas veces nos toca fiesta flamenca.

Cuando hay flamenco, terminamos la noche en la piscina de la urbanización en la que vivimos con los cantaores, bailarinas y músicos. Siempre que salimos y antes de volver a casa, paramos en un McDonald's. Una hamburguesa, patatas y refresco. Mucha grasa para llenar el estómago.

En medio de mi calendario de vacaciones de verano en Granada, estoy pendiente de dónde voy a jugar la próxima temporada. Mi representante me dice que está en contacto con Osasuna.

—José Luis Mendilibar, el entrenador, está interesado en ti.

Me interesa mucho la opción de Osasuna. Tengo varios motivos. Uno de ellos es que no me gusta pasar mucho tiempo en el mismo sitio. Ya llevo dos años en Granada y me parece demasiado. También Osasuna es un club importante en primera y, además, como me dice mi representante, Mendilibar, el entrenador, está muy interesado en mí porque cree que puedo encajar muy bien en su estilo de juego: directo en ataque y con centros desde la banda. Y, por supuesto, está la oferta económica. Cinco veces más de lo que cobro en el Granada.

Acepto la oferta de Osasuna, pero lo dejo en manos de ellos. Tienen que llegar a un acuerdo con el Granada para mi traspaso, pero, sobre todo, con los dueños, los Pozzo, ya que tengo dos años más de contrato con ellos. Un contrato ligado a Udinese, una ciudad, por cierto, que sigo sin conocer.

—Mantenme informado de lo que vaya pasando —le digo a mi representante.

Con él tengo una relación diferente a la habitual entre jugador y representante. Mi carácter no le deja mucho espacio a que él pueda decidir por mí qué es mejor o no. Sí me aconseja, pero soy yo el que ejecuto qué se hace y cómo se hace, como el contrato que firmé hace dos años en la reunión con Quique en su casa. Pero, pase lo que pase, le doy su comisión, aunque él no intervenga en la operación. Es mi compromiso con él por estar a mi lado. Nos conocimos cuando yo tenía quince años, y desde entonces estamos juntos.

Mi representante me dice que también está seguir en el Granada, con una mejora en el contrato desde los Pozzo, pero aun así por mucho menos dinero de lo que me da Osasuna. En medio de mis vacaciones, me voy enterando de cómo van las negociaciones, cada vez más complicadas entre Osasuna y Granada según van pasando los días.

—Va a ser muy complicado que haya acuerdo —me dice mi representante para avisarme de cómo está todo.

Lo hace en un mensaje corto, porque sabe cómo me va a sentar. Pero no me sienta mal, porque he tomado una decisión.

—Me quedo en el Granada —le digo a mi representante y al club para cerrar la renovación.

Lo hago después de darle muchas vueltas a la cabeza y valorar lo importante que es para mí jugar con el Granada en primera. Aquí tengo a mis amigos y la afición me quiere. Eso no se puede comprar con dinero. Sé que puedo forzar la situación para que el Granada llegue a un acuerdo con Osasuna. Declararme en rebeldía o salir en un periódico para pedir que me vendan. Pero no quiero hacerlo, sobre todo, por respeto a la afición.

Es el último día de vacaciones antes de empezar la pretemporada. «El Borla» y yo lo tachamos en nuestro calendario. Un mes entero en el que no hemos parado. Mi amigo ha recuperado la alegría que ha tenido siempre. Ha olvidado los problemas con los que llegó y vuelve a ser el amigo que conocí en el colegio. Sin embargo, ahora soy yo el que necesita que esté a mi lado más tiempo.

—Necesito que te quedes conmigo. No te preocupes por el dinero, porque yo me encargo de eso.

Él no duda en decirme que sí. Los dos hacemos una gran pareja. Solo la concentración de pretemporada nos separa por un tiempo.

Los entrenamientos son duros, pero no me cuestan a pesar de haberme pasado todos los días de vacaciones fuera de casa sin parar. Aunque somos equipo de primera, no cambia nada. La concentración es en La Manga, como siempre. Tampoco cambia mi ansiedad en las concentraciones. Mucho peor cuando son dos semanas en un hotel, donde tienes horarios para todo: entrenar, comer, la siesta e irte a dormir. Todo está controlado desde por la mañana hasta la noche. No me queda otra que recurrir a las pastillas para dormir.

Lo que sí cambia, y mucho, es la plantilla. No paran de llegar jugadores extranjeros al equipo. Es el plan de Quique y Juan Carlos. Un plan trazado desde más arriba, como siempre, desde los Pozzo. El fútbol es importante para el Granada, por eso estamos en primera, pero a partir de ahora me doy cuenta de que también hay algo que importa casi más que el fútbol. El plan del Granada es comprar jugadores, como están haciendo, con la idea de que hagan un buen año en primera y después venderlos caros. Promoción para el Granada, pero también para los jugadores que vienen.

Eso de «hago un buen año y a otro sitio».

Veremos a ver cómo sale, porque si hemos subido a primera es porque Fabri había logrado construir un bloque fuerte, en el que todos los jugadores teníamos claro qué debíamos hacer. Fabri tendrá que hacer ahora un equipo nuevo, con poco tiempo para conseguirlo. No lo va a tener fácil. Menos con jugadores que vienen con sus propios planes. No tengo nada en contra de ellos, pero sí me sienta mal saber que algunos doblan mi ficha. Me he quedado con una renovación por bastante menos dinero de lo que me ofrecía Osasuna. Me dijeron que no había dinero para más, y resulta que hay algún compañero que está por encima del millón de euros.

—Me he comido el año en segunda B. El año en segunda. He subido con el equipo a primera y encima mi ficha está muy por debajo de los nuevos que han llegado —le digo a mis amigos—. Pero si el club tiene su plan, yo también voy a hacer el mío: voy hacer un muy buen año en primera. Al mismo nivel con el que he jugado los dos últimos años e irme a otro equipo si sale una muy buena oferta. ¿Por qué no?

Espero una llamada del club para corregir la situación. Al menos para hablar. Quique, el presidente, me llama por teléfono. Es extraño, porque él nunca suele llamar directamente a los jugadores.

—Dani, ¿qué estás haciendo? —me pregunta.

—Estoy en casa, ¿por qué?

—Necesito que vengas ahora a las oficinas del club, porque necesito hablar contigo.

—¿Hablar conmigo? ¿Por qué? —pregunto.

—Nada, no te preocupes, pero es algo que tenemos que hablar mejor aquí.

No entiendo muy bien qué pasa. Un jueves por la tarde y me llama Quique para decirme que vaya a las oficinas del club.

—Vale, dame un rato que me cambio y salgo para allá —le digo.

Cuando entro en el aparcamiento de las oficinas del club, veo dos coches de policía aparcados. Subo las escaleras, llamo y abro la puerta. Está Quique, pero no está solo. Está también el abogado del club y unos cuántos policías.

—¿Qué pasa aquí? —pregunto muy agobiado.

—Tenemos que ir a la comisaria por el tema del robo en las oficinas del club —me dice Quique.

Hace unos días atrás, robaron toda la caja que se hizo del partido ante el Barcelona. Una cantidad alta de dinero, algo que ha salido en los medios.

—¡¿Cómo?! —pregunto todavía más agobiado y alterado.

Pero no tengo más opción que ir a la policía, con Quique y el abogado del club.

En el coche, camino a la comisaria, llamo a varios compañeros.

—No, a mí no me han llamado para eso —me dicen todos. Empiezo a atar cabos. Llegamos a la comisaría y entro en una habitación. Es bastante pequeña, con una mesa y tres policías sentados alrededor, hay dos más de pie, dos policías que sé que son de la secreta. Los conozco.

—Te queremos hacer unas preguntas —me dice uno de los policías que está sentado alrededor de la mesa.

Sé por qué estoy aquí, me he dado cuenta antes de llegar. Tienen sospechas de mí o de mi entorno, de las amistades con las que me muevo. Pero no es mi problema lo que mis amigos hagan en su vida privada. Yo siempre he tenido amigos de todo tipo, amigos que se ganan la vida como quieren o como pueden, pero nunca juzgo a nadie. Pero eso, que yo sepa, no es un delito.

El trato de la policía conmigo y sus preguntas cada vez resultan más desagradables. Me doy cuenta de que ellos dudan de que yo no tenga algo que ver en el robo, por las compañías con las que me junto.

Saco el móvil de mi bolsillo y lo dejo en la mesa.

—¡Aquí tiene mi móvil! Puede mirar todos mis contactos y las conversaciones. Hágalo si quiere, pero lo que están haciendo conmigo no está bien, y lo saben —le digo al policía que pregunta.

La situación es cada vez peor, también con preguntas sin sentido que terminan de hacerme estallar.

—¡Me marcho de aquí!

—No, Dani, no puedes irte —me avisa el abogado del club.

—Sí, esto no se puede hacer. Se me está acusando de algo que yo no he hecho. Así que ponga a su gente, a estos dos que tiene aquí de pie, a que hagan bien su trabajo. ¡Ah! Y espero que cuando pilléis a los que han hecho el robo, me llaméis para pedirme disculpas.

Cierro la puerta y me voy.

En el coche, terminó de estallar. Han llegado a sospechar de mí, de un robo, por la gente con la que me junto. Pero no van a poder conmigo. No van a decirme con quién puedo o no juntarme.

Me vuelvo a casa.

Así empieza mi primer año en primera. Rebotado por ganar mucho menos que algunos compañeros y en el punto de mira por mis amistades. Pero para olvidarme de mi enfado, decido con varios de mis amigos que nos vamos a Málaga, a pasar una de esas noches inolvidables para nosotros.

Vamos al casino, con veinticinco mil euros encima para jugar. Es un todo o nada. Cierro la mesa, para jugármelo todo contra el crupier a la ruleta. Yo solo contra él. Doscientos cincuenta euros por sitio. Son mil quinientos euros cada jugada. Me lo juego todo al catorce rojo. Siempre suelo jugar ese número, el día del cumpleaños de mi hermano.

Pero esta noche no dejo de perder. Una y otra vez. También al *Blackjack*. Está claro que no es mi noche. Solo paro cuando me quedan dos mil euros. Ya es suficiente. He perdido veintitrés mil euros, pero no hago un drama por ello. Al revés, pienso en lo siguiente.

—¿Qué hacemos con el dinero que nos queda? —pregunto a mis amigos.

—Nos vamos por ahí, ¿no?

Por supuesto, todos lo celebran. Cogemos el coche y desfilamos por las discotecas de Málaga. En cada una de ellas, pido vodka, con el vaso hasta la mitad, con naranja.

La noche de fiesta la terminamos cuando amanece y nos volvemos a Granada para recomponerme en mi día libre. A pesar de que quiero olvidar que el Granada no quisiera igualarme la oferta de Osasuna, no puedo hacerlo del todo. No puedo dejarlo al margen. Me afecta y me enfada. Pero también me hace pensar en acomodarme. Es decir, yo ya he cumplido la promesa que le hice a mi madre: llegar a primera. Pero es que además tengo firmados cuatro años de contrato. Así que, haga lo que haga, no importa que juegue peor o mejor, van a tener que pagarme durante cuatro años mi ficha.

Mientras le doy vueltas a todo, mis amigos no dejan de hacerme preguntas sobre cómo es jugar en primera. Les llama mucho la atención, pero no a mí. Me lo tomo con la normalidad de siempre. Es solo fútbol. Sin embargo, eso cambia cuando llego al Santiago Bernabéu. Es el primer partido después de las vacaciones de Navidades. Mi primera vez en el Bernabéu, justo un día después del día de Reyes Magos. Me siento como un niño cuando entro en los vestuarios del estadio del Real Madrid. ¡Son alucinantes! Todo está cuidado hasta el mínimo detalle. Salgo a calentar y el campo es todavía más increíble. Cuando miro a las gradas, la sensación que tengo es que el público se me viene encima. Precisamente eso es lo que hace el Real Madrid de José Mourinho con nosotros. Se vienen encima de nosotros y nos aplastan. No tienen piedad. Nos ganan 5-1.

Entré fascinado al Bernabéu por el campo y salgo alucinado por el juego del Real Madrid. Sobre todo, por Cristiano Ronaldo, porque es jugar contra alguien de otro planeta. Nunca había competido contra alguien así. Me pasa lo mismo cuando juego contra Lionel Messi, en el Camp Nou, semanas después. Real Madrid y Barcelona y sus estadios. El Bernabéu y el Camp Nou. Pero también Cristiano Ronaldo y Messi. Son las grandes sensaciones que me impactan en primera.

Jugar en ese tipo de campos te hace sentir diferente. También todo lo que me rodea fuera del campo como jugador de primera. Ya era muy conocido en Granada, pero cuando salgo ahora, siento que todavía mucho más. Se acercan más chicas, con proposiciones tan interesantes como extrañas. Pero también lo hace mucha gente interesada en querer relacionarse conmigo para cualquier cosa, incluso con ofertas para invertir en sus negocios.

Pero, yo sigo con mi círculo de amigos, aunque haya gente a la que le moleste y, desde hace no mucho, con una chica. La conocí en una discoteca, en una conversación curiosa.

—Hola, ¿te gustaría conocer a mi hermana? —me preguntó ella.

—No. La chica que me gustaría conocer eres tú.

Desde ese día, empezamos a hablar poco a poco para terminar juntos. Cuando acabe la temporada, nos casaremos.

Todo va muy deprisa, tanto que se ha quedado embarazada a los cinco meses de empezar a salir.

—Mi padre es una persona muy tradicional y no va a entender que tengamos un bebé sin habernos casado —me explica muy preocupada.

Mi respuesta es que sí. Soy feliz con ella. También desde que estoy con ella tengo más control sobre mí y más orden en mi vida.

En el fútbol, sin embargo, las cosas no van bien.

—Gracias por todo, entrenador —me despido de Fabri en el vestuario, el mejor sitio posible para hacerlo de una gran persona como él.

Me da mucha pena que los malos resultados hayan terminado con su etapa en el Granada, pero el fútbol es así. El último fue un 3-0 en contra ante el Espanyol, en un comienzo de año 2012 horrible para nosotros. Empezó con el 5-1 del Real Madrid en el Bernabéu y se acaba para Fabri el 23 de enero con el 3-0 del Espanyol.

—Muchas gracias por todo lo que has hecho por mí —le digo a Fabri, con quien he tenido una conexión especial.

Una persona que me ha entendido no solo en el campo, donde he sacado mi mejor versión con él, sino también fuera. En muchos momentos también ha sido como un padre para mí. Al menos como yo entiendo que puede ser un padre, porque realmente no lo he tenido en casa. Aunque ahora estoy intentando poner todo de mi parte para cambiar eso. Sé que es muy difícil, por no decir imposible, pero no voy a dejar de intentarlo por la promesa que le hice a mi madre: arreglarme con mi padre para cuidar de mi hermano. Por eso hablo con un amigo en Granada para prepararle un piso a mi padre para que pasen unos días aquí.

—Queremos ir a verte a un partido —me dijo hace unas semanas.

Nunca se había interesado por mí, y menos por el fútbol. Ese «queremos» incluye a su novia.

Mi padre viene con ella, así que será la primera vez que la vea. También viene con mi hijo, después de haberlo acordado con su madre en una complicada negociación, como siempre. Cada vez me resulta más difícil pasar tiempo con mi hijo. Su madre me cuestiona todo lo que hago con el niño. Pone en duda todo, hasta la manutención que habíamos acordado. Realmente me está resultando insoportable tener que convivir con esto.

Les espero a todos pero, cuando los veo llegar, no son dos y mi hijo. Su novia viene con sus dos hijos y las parejas de los mismos.

—Esto no me lo habías dicho —le digo a mi padre.

Él apenas me mira y no me responde. Sabe que no me lo había dicho, pero le da igual. Cree que manda él. Pero no es así. Yo tengo que pagar todo. Vamos a comer e invito yo. Cenamos y también pago yo. A mí no me importa pagar, porque siempre lo hago cuando estoy con mis amigos o salgo a comer o cenar con alguien. Sin embargo, no me gusta que mi padre dé por hecho que, porque soy futbolista, tenga que pagar todo.

—Nos vamos de la casa. Aquí no se puede estar, hace mucho frío —me llama mi padre a las pocas horas de dejarlos en la casa que les he preparado. No sé qué narices pasa.

—Hace mucho frío aquí. Nos vamos a un hotel —añade con su habitual tono seco.

Intento razonar con él, le explico que la casa estaba vacía y tal vez necesite calentarse. Pero él no da su brazo a torcer. Nunca se puede razonar con él.

—Pues id a un hotel. ¡Ya está! —le respondo harto.

Después de molestarme en buscarles la casa, que estén bien, me hace esto. Pues a un hotel y que lo pague él. Ya sé que la visita de mi padre, por mucho que quiera intentar cambiar la relación con él, no va a salir bien. Se lo digo a mi novia. Ella no me dice nada, prefiere no meterse, pero sé que también lo piensa.

Termino el partido con el Granada y antes de ducharme miro el móvil. Tengo varias llamadas de mi padre y de mi novia. También un mensaje de audio de ella.

—No sé qué le pasa a tu padre, pero me ha dicho gritándome que no pueden volar a Mallorca con el niño. Llámalo, por favor.

Lo dice casi llorando. Sé que mi padre la habrá llamado con toda su furia. Me ducho corriendo y lo llamo. Acabo de terminar el partido, estoy muerto, hemos perdido y tengo que estar pendiente de mi padre otra vez.

—¿Qué pasa? ¿Por qué has llamado gritando a mi novia?

—La he llamado porque no podemos volver a Mallorca con tu hijo. Dicen que necesita una autorización de su madre. No solo la tuya —me grita.

Pufff, me estoy enfadando mucho.

—¡Yo qué narices sabía! Creía que era suficiente con la mía —le respondo.

Mi padre está con mi hijo en el aeropuerto de Sevilla, porque volaban desde ahí para regresar a Mallorca después de pasar un tiempo que se suponía que iban a estar con nosotros.

—¿Qué vas a hacer?

—Esperar aquí y volar mañana —me dice mi padre gritándome de nuevo.

—¡¿Cómo?! No, no, no. Ni de coña vas a estar con un niño de dos años en el aeropuerto. Dame unos minutos y te busco un taxi y un hotel para que paséis la noche y yo hablo con la madre del niño.

Espero que con mi respuesta cambie de opinión y entienda que no se puede quedar con mi hijo un día entero en un aeropuerto.

—No. Nos quedamos aquí. Mi novia y sus hijos se han ido. Yo me quedo aquí con el niño y mañana volamos. Pero que su madre mande la autorización —me responde.

Estoy fuera de mí, pero no puedo hacer nada. Hemos jugado fuera de casa, tengo que volver con el equipo. Me cago en la hostia. Mi padre me la ha vuelto a hacer.

Llamo a la madre de mi hijo. Sé que voy a tener bronca otra vez con ella. Y de las grandes por esto. Intento que la discusión no se oiga mucho, sobre todo, que no la escuche el entrenador. Abel Resino llegó hace unas jornadas por Fabri. No he hablado mucho con él más allá de lo táctico, en los entrenamientos y los partidos. Nada que ver con Fabri. Si me ve discutiendo por el móvil después de un partido que hemos perdido, cuando se supone que tengo que estar pensando en lo que ha pasado en el campo, seguramente no le va a gustar.

Otra vez mi padre me está jodiendo el fútbol, como ha hecho siempre. Consigo que la madre de mi hijo mande la autorización para que el niño pueda volar. Mi padre viaja con él al día siguiente, después de pasar una noche en el aeropuerto con un niño de dos años simplemente por hacerme daño a través de mi hijo. Aquí se acaba mi intento de arreglar nada con él. Es imposible. Y, en el fondo, tampoco quiero. «Lo siento, mamá, esta promesa no la puedo cumplir».

Caer a lo más hondo

20

Hemos llegado a los cuarenta y dos puntos.

Según los números que habíamos echado al principio de temporada, y también por la media de puntos habitual en la historia de la Liga, son los necesarios para mantenerse en primera. Pero no todavía para nosotros.

—Estamos virtualmente salvados —nos dicen cuando llegamos al vestuario tras ganar 2-1 al Espanyol.

Ese «virtualmente salvados» hace que no haya celebración. Así que la fiesta se pospone. Al menos los cuarenta y dos puntos nos dan una importante ventaja: podemos salvarnos incluso si perdemos los dos últimos partidos de Liga. Jugamos contra el Real Madrid y el Rayo Vallecano, que se está jugando la vida como nosotros. Pero si eso pasa, dependemos entonces de otros resultados para que el Villarreal y el Real Zaragoza no nos superen. Así que el cálculo más fácil es sumar al menos un punto en los dos últimos partidos.

—Con cuarenta y tres puntos ya no dependemos de nadie —nos dicen también en el vestuario.

Ya está todo claro, pero ese «virtualmente salvados» me sigue dejando una sensación extraña. También le pasa a algunos de mis compañeros.

Entrenamos la semana pensando que seguiremos siendo equipo de primera, pero no todavía. Así que no podemos hacer planes de futuro. Lo bueno es que el partido contra el Real Madrid lo jugamos en Los Cármenes y en pocos días después del Espanyol. Para mí es mejor jugar que entrenar. Lo malo es que hay que concentrarse la noche de antes, aunque jugamos en casa. Abel también es radicalmente distinto a Fabri en esto, más todavía cuando afrontamos una *final*. Quiere tener a todo el mundo concentrando. A mí me sigue resultando muy curioso lo que come siempre en cada concentración. Siempre pide pollo con cebolla. Supongo que será por superstición.

Antes de dormir, hablo con Mikel sobre el partido ante el Real Madrid. Ganaron la Liga en el partido anterior, ante el Athletic Club: 0-3 en San Mamés. Los aplastaron. Así que ellos sí han podido tener su fiesta, nada de ser virtualmente campeones.

—Si vienen de fiesta, seguramente estarán más tranquilos, ¿no? —intentamos convencernos.

Pero, aunque hayan ganado la Liga, tienen un reto por delante que nadie antes ha conseguido: llegar a los cien puntos. Y Mourinho es uno de esos entrenadores que buscan alcanzar cosas que nadie tiene.

—Seguramente sacará a todos los buenos —nos decimos también.

Cristiano Ronaldo, por supuesto, estará. Cristiano también busca los cien puntos, pero, al mismo tiempo, compite contra Messi. Quiere marcar más goles que él.

Me cruzo con Cristiano en el campo, cerca de nuestro punto de penalti. Está concentrado antes de tirar el penalti. Es el minuto ochenta y vamos ganando 1-0.

—Oye, tío, tíralo fuera. Échanos una mano —le digo.

Se lo dicen también varios compañeros más, pero él ni se gira. Solo está concentrado en el balón. El tipo es una roca. Corre, golpea seco y abajo, y marca. Estamos 1-1. Cristiano va a recoger el balón para llevarlo al mediocampo. Quieren ganar el partido. El empate nos vale a nosotros para salvarnos, pero no a ellos. Sí, como hablamos anoche Mikel y yo, no hay duda de que quieren llegar a los cien puntos.

El Real Madrid aprieta mucho en los últimos minutos. Ellos vuelan y nosotros no podemos mucho más con nuestras piernas. Me llaman desde la banda para el cambio en el minuto noventa. No quiero salir del campo, pero tampoco me viene mal. Nosotros solo defendemos, una faceta que se me da mal y, además, no me gusta.

Desde el banquillo veo a Cristiano atacar, otra vez él. El tipo no para. Abre el balón a la derecha para Karim Benzema. Su pase al área acaba en gol en propia puerta de nuestro compañero David Cortés. David no tiene culpa del gol, ha sido mala suerte. Estábamos tan metidos atrás que cualquier despeje o rebote podía salir mal e ir a nuestra portería. Se nos queda cara de gilipollas a todos.

Minuto noventa y dos de partido, solo dos para el final. Tenemos una última oportunidad con un córner, pero el árbitro pita el final del partido. La rabia es mucha por el resultado, porque seguimos sin salvarnos, pero, sobre todo, por el árbitro, Clos Gómez. Nos habían avisado antes del partido:

—Es del Comité de árbitros de Aragón, y el Real Zaragoza es uno de los equipos con los que nos jugamos la salvación.

Sabíamos que podía pitarnos mal, pero es que nos ha pitado todo en contra. Todas las decisiones han sido favorables al Real Madrid. Además, ha expulsado a Siquiera y Moisés Hurtado. Todos los compañeros vamos hacia Clos Gómez cuando pita el final del partido. «¿Por qué no has dejado sacar el córner?», le preguntan muchos de ellos.

El ruido de la afición es tremendo. Nunca habíamos tenido un arbitraje así en primera. Yo me acerco al corrillo que hay alrededor del árbitro. Le grito de todo. Le insulto. Nos estamos jugando mucho. La vida te cambia totalmente de ser jugador de primera a segunda. Tengo una botella de una bebida isotónica en la mano y, sin pensarlo, la lanzo. Quiero darle al árbitro. Me sale un lanzamiento arqueado, como un tiro libre a canasta, buscando que la botella llegue hasta él, pero no veo si le doy. Tampoco sé si alguien me ha visto lanzarla.

Me aparto del corrillo y veo a Mourinho hacerme una indicación con la cabeza hacia la derecha, en dirección al vestuario. Mourinho sí me ha visto, y, por su gesto, también he acertado. Me agobio un poco, pero no me arrepiento de lo que he hecho. Se lo merece por su arbitraje. Ha ido a por nosotros y ahora nos toca jugárnosla en Vallecas ante el Rayo.

Camino hacia el vestuario, siguiendo la indicación que Mourinho me ha hecho con la cabeza. Él no dice nada a nadie, ni me señala. «Gracias, Mourinho».

—Joder, ¡alguien ha tirado una botella al árbitro! —dice Roberto en el vestuario.

Yo salto rápido.

—Tranquilo, Roberto, he sido yo. Pero nadie lo ha visto.

Bueno, alguien sí lo ha visto, Mourinho, pero eso no lo digo. Abel, el entrenador, no dice nada. Está más preocupado por el *marrón* en el que nos hemos metido. Seguimos virtualmente salvados, pero nos vamos a jugar la salvación en Vallecas.

Abel sale del vestuario para ir a la rueda de prensa y la noticia del botellazo está en todos lados. Una persona del club nos avisa. Agarro el móvil y entro rápidamente en la web del diario As. Sí, está el vídeo del botellazo y cómo ha sido. Por supuesto, salgo yo lanzando la botella a Clos Gómez. Le doy en la cara. Bueno, más bien creo que le roza. Él actúa bastante.

Nadie se dirige a mí directamente para hablar de lo que ha pasado. Seguramente muchos piensen que qué narices he hecho. Por qué esa manera de cruzárseme los cables. Pero no ha sido una cruzada de cables. Lo he hecho a consciencia y no me arrepiento. Nos ha pitado para jodernos, para que perdiéramos y así favorecer al Zaragoza. No tengo dudas de ello.

Es miércoles. La semana de entrenamientos está siendo tensa. Mucho más para mí, que no sé si voy a jugar ante el Rayo por el botellazo. Tiene *pinta* de que no lo haré.

Todos sabemos lo que nos jugamos en la última jornada. No hay risas entre los compañeros. No he salido por la noche desde el partido ante el Real Madrid. Prefiero no hacerlo, porque algunas personas me empiezan a tratar de modo diferente. Sé que me están juzgando. Seguramente piensen: «Dani, ¿por qué narices tiraste una botella a un árbitro?». Pero lo he hecho por defender al Granada.

En los medios se habla mucho de eso. Se me critica por lo que he hecho y lo entiendo. Pero no me gusta que un periodista aproveche para hablar de mí más allá del papel de jugador. Hace referencia a mis amistades, un círculo que, según él, me perjudica para mal. Pero por ahí no paso. Otra vez no. Nadie tiene que decirme con quién me puedo juntar o si esas personas me perjudican. Eso no es fútbol. Y se lo haré saber.

Todos queremos que llegue el partido ante el Rayo, salvarnos, celebrarlo e irnos de vacaciones. Ha sido un año muy complicado. Muy exigente. Competir en primera te lleva a tus límites, en todos los sentidos. A mí me espera la boda cuando acabe la temporada.

Desde el club me llaman después del entrenamiento.

—Te han sancionado —me informan.

—Eso lo esperaba, pero ¿cuántos partidos? —pregunto.

—Diez. Te han sancionado diez partidos, Dani.

—¡No mc jodas!

Me pierdo el partido con el Rayo, pero también el primer tercio de la próxima temporada. No volveré a jugar como mínimo hasta finales de 2012. Estoy hundido.

No podré estar en partido con el Rayo, en el que nos jugamos salvarnos, pero a ver qué equipo se va a interesar en verano por un futbolista que no podrá jugar como mínimo hasta noviembre. Sé que el Sevilla está detrás de mí, porque me lo ha dicho mi representante. También me señala el interés del Valencia e incluso del Atlético de Madrid:

—El Atlético está buscando un lateral de largo recorrido, casi un carrilero.

Pero yo no tengo ese perfil. Solo jugué ahí en las inferiores de la selección española. No sé hasta qué punto hay algo de verdad en todo lo que me dice, pero ahora veo muy lejana cualquier posibilidad de cambiar de equipo. Me importa lo que pase contra el Rayo. Solo eso.

Vamos todo el equipo a Madrid. También los sancionados y los lesionados. Hay que hacer grupo en el día más importante en la historia del Granada, como dice Abel en el último entrenamiento en nuestra ciudad deportiva. Él también se la juega. Descender a un equipo deja marcado para siempre a un entrenador. Si eso pasa, le será difícil quitarse esa etiqueta, como a mí la de un jugador que ha tirado una botella a un árbitro y le han sancionado con diez partidos. Sigo sin arrepentirme de lo que hice, pero sí me arrepiento de mi puntería. Era muy difícil acertar desde ahí, y yo lo hice. Podría haber fallado y ahora estaría en el campo con mis compañeros y sin una sanción de diez partidos.

Veo desde el palco el partido, con los compañeros sancionados y lesionados. Casi hacemos un once inicial de todos los que somos en el palco. Mis compañeros en el campo juegan con la misma tensión que hemos entrenado toda la semana. La última jornada empieza con nosotros con cuarenta y dos puntos, el Villarreal con cuarenta y uno y el Rayo y Zaragoza con cuarenta. Pero el Zaragoza en puestos de descenso porque tiene perdido el *goal average* con el Rayo.

En la primera mitad no pasa nada. A los dos equipos nos vale el empate. Varios de mis compañeros en el palco están escuchando por la radio lo que hace el Zaragoza y el Villarreal. Como en Vallecas, todo va empate a cero.

Desde arriba, veo cómo los jugadores del Rayo no paran de hablar con nuestros compañeros. En el segundo tiempo, llegan noticias del Zaragoza, que se pone 1-0 ante el Getafe. Eso hace que el Rayo pase a ser equipo de segunda. La afición del Rayo se pone nerviosa, también sus jugadores. Y nosotros, porque si el Rayo marca, descendemos.

Son los últimos minutos, no paro de preguntar a mis compañeros cómo van el Villarreal y el Zaragoza. Importa más eso casi que lo nuestro.

El partido se acelera abajo. El Rayo va arriba con todo. Eso deja espacios en su defensa, pero no marcamos a pesar de tener oportunidades muy claras para hacerlo. Le damos una vida extra para el Rayo, que nos encierra atrás como hizo el Real

Madrid en la jornada anterior. Tan atrás que cualquier balón al área vuelve a ser un peligro. Llega un centro a nuestra área, «Michu» da al larguero y Tamudo, en boca de gol, hace el 1-0. El estadio explota. Nosotros estamos en segunda.

«¡Qué puta mierda!»

Y no puedo hacer nada. Es un bajón. De repente, se oye un grito de gol de uno de los compañeros que están en el palco. También veo muy agitados a los aficionados del Granada que están en el estadio.

—¡¿Qué ha pasado?!

—El Atlético de Madrid ha marcado al Villarreal —responde uno de los compañeros que está con la radio.

Todo pasa en unos pocos segundos, el acelerón en la recta final, como esperaba. Se acaba el partido. Nos salvamos, con cuarenta y dos puntos. Al final han sido suficientes, pero nunca lo había pasado tan mal. Por un momento hemos estado descendidos. Celebramos para quitarnos el miedo. Nos ha salvado un gol de Radamel Falcao.

«Gracias, Falcao».

Desciende el Villarreal, y nosotros nos salvamos junto al Rayo y al Zaragoza, que ha ganado su partido 0-2.

—Tío, ¿de qué hablabais con los jugadores del Rayo en la primera mitad? —le pregunto a un compañero cuando todo está más calmado.

—Nos pedían que aflojáramos y que les dejáramos marcar un gol, que nosotros estábamos salvados.

Es normal pedir algo así cuando estás al borde del abismo. Nosotros, después de sufrir hasta el último segundo de la última jornada, seguimos en primera. Sin embargo, sé que yo no volveré a jugar hasta dentro de varios meses. Toca empezar a mentalizarme de eso.

21

Está siendo una pretemporada horrible.

Entreno al mismo nivel que mis compañeros. También juego los partidos amistosos. Juan Antonio Anquela, el nuevo entrenador, llegó en recambio de Abel, quiere que lo haga para que no me desconecte del equipo.

—No puedes estar tanto tiempo sin jugar —me dice.

Anquela es un entrenador parecido a Fabri. Es muy cercano conmigo. En los entrenamientos me hace jugar en casi todas las posiciones.

—Puedes hacerlo perfectamente —me convence. Incluso hasta de mediocentro, una posición que no tiene nada que ver con mi estilo de juego, pero en la que, curiosamente, me encuentro cómodo. Sin embargo, y aunque Anquela intente que no pase, se me está haciendo muy duro. Saber que todo lo que haga no valdrá de nada para empezar la temporada.

Mi representante me dice además que el Sevilla ha descartado mi fichaje por unos informes sobre mi vida. Mi juego importaba, pero veo que importa mucho más lo que hago fuera del campo.

—Nos les terminaba de convencer invertir mucho dinero en un jugador del que no sabían qué podía pasar.

También me cuenta que los Pozzo pidieron ocho millones de euros por mi traspaso. Algo a lo que el Sevilla se negó, que pasó a ofrecer tres más uno de sus delanteros. El acuerdo estaba lejos. Y más con esos informes sobre mí. Finalmente, el director deportivo del Sevilla, Monchi, es la persona que ha dado el paso atrás a mi fichaje. Entiendo la postura del Sevilla, porque me estoy empezando a dar cuenta de que mi modo de vida me pasa factura. También estoy seguro de que, si el Sevilla tiene esos informes sobre mí, lo tendrán otros equipos. Y eso hará que se cierren muchas otras puertas.

La única manera de cambiar eso es cambiar yo. Y he empezado a hacerlo, o al menos lo intento, aunque haya gente que me quiera hacer daño.

—Dani, me han mandado un mensaje esta noche de madrugada diciéndome que estabas de fiestas en un *garito* —me avisa mi mujer.

No me lo creo, pero ella me enseña el mensaje.

—Alucino.

He pasado la noche en casa. Ya apenas salgo, como mucho lo hago un día o dos. El resto de las noches estoy en casa con mi mujer o algunos amigos que vienen a tomar algo. Pero nada más.

Sin embargo, los mensajes a mi mujer se repiten varias veces más durante mi tiempo de sanción. Lo hablo con ella, porque está preocupada.

—Hay gente que quiere joderme. ¿Por qué? Por envidia y por hacerme daño, pero no te preocupes —le digo.

Intento aislarme de todo eso, como también de los comentarios que me siguen llegando por mi botellazo a Clos Gómez. Sigo sin estar arrepentido de lo que hice, pero sí sé que mi carácter volcánico me volvió a llevar al extremo, a perder el control. Pero no es fácil querer cambiarlo todo sin poder jugar al fútbol. Necesito los partidos, esas sensaciones, estar en la banda. El fútbol me libera por un momento de todos mis problemas.

Jugamos contra el Mallorca, pero yo todavía sigo sin poder jugar. Me quedan aún tres partidos para acabar la sanción. Aunque no juego, los medios quieren saber mi opinión sobre el partido, porque me he criado en la cantera del Mallorca. También quieren saber cómo me siento después de tanto tiempo sin jugar. Soy claro en mi respuesta. No les miento:

—Está siendo muy duro.

Pero también quiero dejar un mensaje para que lo escuchen bien todos aquellos que quieren hacerme daño.

—Me va a servir para ser más fuerte como persona y como jugador.

Mis compañeros ganan 1-2 al Mallorca.

Es 31 de octubre de 2012. Nunca me fijo en qué día es, pero esta vez sí. Por fin voy a jugar. No lo hacía desde la primera semana de mayo contra el Real Madrid. Han pasado ciento setenta y nueve días sin jugar, como he leído en la prensa, en un artículo sobre mí. Habla de mi vida y de cómo soy. Sin embargo, ese periodista que escribe sobre mí no ha hablado conmigo nunca. No es la primera vez que me pasa.

Anquela da la alineación titular y ahí estoy yo, juego en la banda izquierda en el partido de Copa del Rey ante el Zaragoza en La Romareda. Me siento muy bien, recupero la sensación del nudo en el estómago que tengo antes de cada partido. No son nervios, ni miedo, son ganas de jugar. Como siempre, me pongo mis cascos con mi música para prepararme. Y vuelvo a repetirme mi *mantra*: «Soy el mejor. Soy el mejor».

Tenía muchas ganas de sentir todo esto después de tanto tiempo. Sin embargo, en el campo, noto que mi tiempo de inactividad me pasa factura. Todo el mundo parece jugar con una velocidad más que yo, sobre todo los jugadores del Zaragoza. Más que jugar, intento sobrevivir al partido, porque Anquela no me cambia. Quiere que empiece a tener minutos, pero jugar un partido entero después de tanto tiempo se nota en mis piernas y en mi cabeza. Carlos Aranda, un delantero del Zaragoza de espalda muy enorme y que arrasa con todo el que se encuentra a su paso, hace el gol de Zaragoza. Miro el marcador y faltan diez minutos todavía para el final. El 1-0 no es un buen resultado para nosotros, pero tenemos el partido en casa para darle la vuelta al marcador. Ahí, con más partidos en las piernas, estaré a mi nivel. Así que, si es por mí, que esto se acabe ya.

Casi que le doy las gracias al árbitro cuando pita el final. A pesar de que no ha sido mi mejor partido, Anquela se acerca a mi sitio en el vestuario y me felicita. Solo tengo fuerzas para darle la mano. Sé todo lo que él está haciendo por mí. Cualquier otro entrenador podría haberme dejado al margen durante mi tiempo de sanción, olvidarse de un jugador con el que sabe que no contaría en meses. Pero Anquela no lo hizo. Al revés, ha hablado siempre conmigo para reforzarme. Un mensaje positivo para estar listo cuando llegara el momento de jugar.

—Geijo, El-Arabi y Dani —dice Anquela en la charla táctica antes del partido contra el Athletic. Vuelvo a jugar como titular en ataque a pesar de que apenas han pasado unos pocos días del partido ante el Zaragoza. Jugamos en la Liga ante un gran rival como el Athletic y en Los Cármenes. Es mi vuelta delante de nuestra afición. Como muchas veces en mi vida, paso de la nada al todo.

Noto un grave dolor en el abductor. He chocado con un jugador del Valencia en un salto. Creo que me he roto. Estoy seguro de ello. Es la primera vez en mi vida que tengo que salir de un campo en camilla. Las pruebas médicas confirman que mi dolor tiene una razón.

«Rotura fibrilar», señala el parte médico.

Al menos tres semanas de baja. Nunca es un buen momento para lesionarse, pero ahora es el peor posible. Necesito jugar con regularidad después de tanto tiempo parado por la sanción. Anquela me dice que estas cosas pasan en la carrera de un jugador, que siempre hay un momento en el que se producen lesiones.

—Dani, ahora tienes que estar tranquilo y recuperarte.

Pero no lo estoy. No puedo estarlo. Mi juego está por debajo de mis expectativas. No hace falta que nadie lo diga o lo escriba en un periódico. Yo soy el más crítico conmigo mismo cuando juego mal. También sé que hay gente dentro del club que ha empezado a hablar sobre mí. Aunque no me lo dicen directamente, sí sé que cuestionan cómo es mi vida, aunque ya no sea la misma de antes. Tampoco las cosas están bien con mi pareja. Nos distanciamos cada vez más. Cada vez más enfadados por motivos muchas veces sin importancia. Candela, nuestra hija, es lo que único que nos mantiene juntos. Pero siempre todo puede ir a peor.

El club decide despedir a Anquela después de perder 3-0 contra el Sevilla. Nunca se nos han dado bien los comienzos de año y este no iba a ser una excepción. Tan pronto como se anuncia la salida de Anquela, el club ya tiene el recambio: Lucas Alcaraz. Y tan pronto como Alcaraz llega al vestuario, me doy cuenta de que mi relación con él no será como la de Anquela. Lo siento en los primeros entrenamientos, porque Alcaraz es un entrenador con menos comunicación conmigo. Sin embargo, no es lo que más me preocupa. Lo hacen más las molestias que tengo en la ingle. El dolor del desgarro parece que ha subido a esa zona. A cada entrenamiento, más dolor. Así que más que entrenar, es un castigo. Tengo que parar.

—No estoy bien— le digo al médico del club y también al entrenador.

—Es una hernia inguinal. Más o menos serán dos meses sin jugar —me dice el médico después de las pruebas.

Joder, eso es más de lo que estuve por el desgarro en el abductor —respondo.

Además, tengo que pasar por el quirófano para operarme. No sé qué me está pasando, pero mi cuerpo empieza a no resistir en los primeros meses de 2013. Lo jugué todo desde que Anquela me dio la titularidad en la Copa ante el Zaragoza. Pero la vuelta después de las vacaciones de Navidad está siendo un desastre para mí. Como también es muy habitual en mi vida, también paso del todo a la nada en poco tiempo.

Oscuridad

22

Una parte de la afición del Granada, para la que antes era casi un héroe, canta en mi contra en cada partido. «Benítez deja la fiesta», me gritan cada que vez fallo un pase o pierdo un balón.

Sin embargo, lo peor ocurre cuando precisamente salgo de fiesta por Granada. Son varios los encontronazos que he tenido con algunos gilipollas que han echado la vista muy atrás, al partido contra el Elche por el ascenso a segunda. Ahí, un aficionado del Elche sacó una botella con mi cara y un «Dani Beefeater» en la etiqueta. Pues bien, ese «Dani Beefeater» se ha instalado entre algunos que lo utilizan contra mí. Para ellos es gracioso, pero a mí no me hace ninguna gracia. Se lo dejé bien claro al último que me lo dijo. Mis amigos tuvieron que sujetarme para no pelearme. No lo puedo negar, estoy pasando mi peor momento en el Granada. No estoy a gusto con nada. Ni con el equipo, ni con la ciudad y menos con el entrenador. Si desde el principio tenía poca sintonía con Alcaraz, ya no hay ninguna. Todo, en definitiva, me molesta.

Solo quiero meterme en casa después de los entrenamientos. La mayoría de las tardes y noches juego a la PlayStation o apuesto online. Estoy hasta las cuatro y cinco de la madrugada muchas veces. Algunas noches monto la fiesta en casa.

Ninguno de mis amigos, por supuesto, rechaza mi invitación. En mi casa tenemos todo lo que necesitamos para pasarlo bien, y no tengo que aguantar a gilipollas que me insultan para hacerse los graciosos delante de sus amigos. También las fiestas en casa evitan que haya personas que conocen a periodistas o que los propios periodistas me vean en alguna discoteca, para acompañar su crónica de cualquiera de mis partidos con críticas a mi vida personal. De mi casa, con mis amigos, no sale nada. No se filtra nada a la prensa.

Al menos sí me entero por la prensa de que han pillado a quienes robaron en las oficinas del club hace dos años, en octubre de 2011. Un robo del que yo fui casi señalado por las amistades con las que me junto. El robo lo hicieron tres personas relacionadas con el mantenimiento de las instalaciones del estadio. Espero que me llamen para disculparse, como les dije, pero no creo que lo hagan.

A todas mis malas sensaciones se suma algo que me está volviendo loco: las lesiones. La temporada pasada solo pude jugar nueve partidos. Ni un tercio del campeonato. Pero este año no salgo de una lesión cuando ya estoy metido en otra. No entiendo por qué está pasando esto, pero me está haciendo mucho daño mentalmente. Por eso también no soy capaz de recuperar mi nivel, pero eso no le importa a la gente. No le importa a esa parte de la afición del Granada que me critica, como tampoco saben que no estoy a gusto en el club. No sé si es paranoia mía o no, pero desde arriba tampoco se me trata como antes. Para liberarme de mis malas sensaciones, las fiestas en casa son mi escapatoria. Y el alcohol ayuda mucho a que pueda conseguirlo. Pero esta noche se me ha ido de las manos.

—¿Qué hora es? —le digo a uno de mis amigos.

No soy capaz ni siquiera de ver bien la hora.

—Las siete y cuarto de la mañana —me dice, o creo que me dice eso.

Entreno en poco más de dos horas. Pero así, está claro, no puedo ir. No quiero que me pase como la vez que llegué así. No solo por el alcohol. Una persona del club alucinó al verme llegar sin coordinar bien mis pasos pero, sobre todo, por mi mano llena de sangre.

—¡¿Qué ha pasado, Dani?! —me preguntó con una enorme cara de preocupación. Creo que se imaginó lo peor, pero solo fue por mi borrachera. Tuve que romper el cristal del coche de un puñetazo porque me había dejado las llaves dentro.

—Vete a casa, no puedes aparecer así en el vestuario. Yo me encargo —me dijo.

Y lo hizo. Él se encargó. Solo él sabe que llegué así a un entrenamiento.

—¿Qué te pasa, Dani? —me pregunta también uno de los amigos para llevarme de nuevo al mundo real. No creo que necesite que le diga qué me pasa, le vale con verme.

—Tengo que ir a entrenar y estoy hecho mierda, tío —le digo.

Él asiente con la cabeza para darme la razón. Pero me presenta un remedio rápido para mi borrachera.

—Venga. Métete una de estas y verás cómo se te pasa —me dice mientras se prepara unas rayas de cocaína encima del lavabo de mi baño.

Subo al coche sin haber dormido nada, pero sí muy espabilado. Mi amigo tenía razón. Se me ha pasado la borrachera que llevaba encima. Conduzco hacia la ciudad deportiva. Espero que no haya ningún control porque si me lo hacen, seguramente el policía alucine. Aparco el coche, me cambio y salgo a entrenar. Todavía estoy en los últimos pasos de la recuperación de la última de las muchas lesiones que llevo, pero me encuentro bien. No noto las molestias. Termina el entrenamiento y Alcaraz me incluye en la convocatoria del partido que jugamos mañana ante el Betis en Los Cármenes. Todavía no estoy al cien por cien, pero él cree que es momento de que vuelva al equipo. Me ducho y solo quiero dormir algo. El subidón que tenía pierde fuerza. Empiezo a notar las consecuencias de una noche muy, muy larga en la que he perdido más que nunca el control sobre mí mismo.

Me preparo para salir al campo. Miro al marcador. Es el minuto sesenta y vamos ganando 1-0 al Betis. Es una victoria importante para nosotros después de dos derrotas seguidas. Alcaraz me da indicaciones de lo que debo hacer, pero no le hago mucho caso. Sé lo que tengo que hacer, lo llevo haciendo toda mi vida. Voy a jugar por Piti, que sale del campo con la ovación de la gente. Él ha marcado el gol con el que vamos ganando. Entro en el campo y la gente me aplaude, al menos siento que es la gran mayoría del estadio. Llevo bastante tiempo fuera sin jugar y lo noto. Estoy en el partido, pero no dentro de él. Es decir, me siento desconectado de lo que pasa en el juego. Estoy lento y poco ágil. En definitiva, siento que todavía no estoy al nivel. Se me va un balón tras otro.

«¡Qué narices estoy haciendo!».

Me llega un balón. Intento una dejada, pero me sale una acción ridícula. Pierdo otro balón, corro a recuperarlo, me lanzo al suelo y cierro los ojos. No veo nada.

Solo cuando abro los ojos veo que me he llevado por delante al jugador del Betis, que no para de dar vueltas y gritar. Me levanto del césped y siento que el árbitro viene hacia mí por la espalda. Estaba cerca de la jugada. Le quiero pedir disculpas, también al jugador del Betis. No le he ido a hacer daño, solo me ha pasado lo que me lleva pasando desde que he salido: he llegado tarde a la acción. Veo cómo el árbitro mete su mano en el bolsillo. Me va a sacar tarjeta...

«¡Roja! ¡Venga, no me jodas!».

Voy al árbitro porque quiero explicarle que no he ido a hacer daño, pero él se marcha hacia el lado contrario. Adán, el portero del Betis y al que conozco de la etapa en la selección, intenta ayudarme.

—Cálmate, Dani —me dice.

Forcejeo un poco con él, pero no es fácil, porque Adán es un tipo muy grande.

—No pasa nada. No te preocupes —le digo, al mismo tiempo que él me deja pasar.

—Árbitro, es la primera falta. Eso no es roja —me quejo. Pero el árbitro ni siquiera me mira. Solo apunta en su libreta mi nombre, mi número y la tarjeta roja. No levanta la mirada.

«¡Me cago en la hostia!»

He durado un cuarto de hora. Y por una entrada que no es para tarjeta roja. Pero sabía que después del botellazo a Clos Gómez iba a estar en el punto de mira de los árbitros.

Salgo del campo con ganas de llorar y mucha rabia, pero me aguanto ambas cosas. No quiero que la gente pueda ver mi reacción, sino será noticia toda la semana en Granada. Oigo gritos de algunas personas que tienen sus asientos cerca de los banquillos, pero no los miro, sé que no debo hacerlo. Me meto en el vestuario. No quiero saber nada de lo que pasa en el campo. La expulsión no solo supone dejar a mi equipo con diez en un partido muy importante. La expulsión también es perderme varios partidos más. Así llevo más de un año. No consigo jugar dos partidos seguidos por las lesiones. Ahora, cuando vuelvo, me sacan una roja y no sé cuántos partidos más me perderé.

—Dani, vente conmigo que tienes que pasar el control antidopaje —escucho la voz del médico del Granada.

—¿En serio? ¿Yo?

La noche está siendo *perfecta*. El médico me dice que sí con la cabeza, que tengo que acompañarlo. Los controles a los jugadores después de los partidos se hacen de forma aleatoria. Creo que se sacan un par de bolas con los números de los jugadores de cada equipo y tienes que pasar el control. Hoy me toca a mí. Se me pone un nudo en el estómago. No le he dicho a nadie del equipo que consumí cocaína en la fiesta que hice en mi casa. No sé muy bien qué hacer. Camino hacia la zona donde se hace el control. De aquí no me puedo escapar. Mi nudo en el estómago ahora también lo tengo en la garganta.

—Doctor, tengo que hablar contigo —le digo.

Voy a contarle lo que ha pasado. ¿O no?... No sé. Tengo muchas dudas, pero se lo digo:

—Doctor, hace prácticamente veinticuatro horas consumí cocaína. Un error.

El doctor me mira. Seguramente está alucinando.

—No podemos hacer nada, Dani. Tienes que pasar el control. Después esperemos que no salga positivo, pero no podemos hacer nada —me dice.

Meo en el bote, acompañado por una persona que no me quita ojo. Tiene como misión controlar que nadie haga trampas con el control, que nadie haga el *cambiazo*. Termino de mear y cierro el bote.

—Toma —le digo a la persona que ha estado a mi lado cuando meaba.

Me voy a la ducha, no hablo más con el doctor. Sigo sin saber qué hacer. Nunca me había pasado esto. Es la primera vez que he consumido cocaína en mi vida. No lo he hecho nunca, aunque sé que habrá gente que no me creerá. Pero es la pura verdad. Ha sido un error. Mejor dicho, una gran *cagada*, y justamente me toca pasar el control.

Me voy a casa. Hay gente en el aparcamiento que me insulta por la expulsión. Pero eso es lo que menos me importa. Estoy tan jodido en mi vida, llevo tanto tiempo mal, descontrolado, que en realidad todo me da igual.

23

Espero a que la mayoría de los compañeros se marchen del restaurante. Hemos tenido comida de equipo. Lo hacemos de vez en cuando. Voy a hablar con el presidente.

—Quique, tengo que decirte una cosa que ha pasado.

—Vale, ¿qué es? —me responde algo cortante.

Mi trato con Quique ya no es el mismo que al principio. No sé si el doctor le habrá dicho lo del control antidopaje. Nadie hasta ahora me ha dicho nada y han pasado unos días.

—Tengo que contarte que en el partido ante el Betis me tocó pasar el control, pero yo había consumido cocaína dos días antes. En una fiesta en casa. Te prometo que yo no consumo nada, es la primera vez que lo hice. Solo fue esa noche. Una cagada. Una tremenda cagada.

—Bueno, reza todo lo que sepas para que no des positivo. No te puedo decir nada más, Dani.

Quique se levanta de la silla y se despide de mí. No hay mucha más conversación. Yo también me incorporo y salgo del restaurante. Varios compañeros se quedan un rato más, pero a mí no me apetece mucho. Me voy para casa.

Sigo la dinámica habitual con el equipo, entrenamientos y partidos, aunque Alcaraz no cuenta mucho conmigo después de la expulsión contra el Betis.

—Dani, venga que vas a salir —me dicen desde el banquillo.

Llevaba bastante tiempo calentando en la banda del estadio del Getafe.

—¿Ahora? ¿Ahora me va a sacar? —le digo a la persona del cuerpo técnico que ha venido a buscarme a la banda.

Quedan apenas unos minutos para el final. Voy a jugar los *minutos de la basura* para mantener el 3-3 en el marcador. Me quito la sudadera lentamente. Me preparo las espinilleras y las medias todavía más lento. Quiero que pasen los minutos para que ni me dé tiempo a salir. No quiero jugar los *minutos de la basura*.

—Venga, Dani, ¡date prisa! —me grita la persona del cuerpo técnico de Alcaraz.

Voy a la banda, hago como que estiro un poco las piernas, me preparo las espinilleras y las medias. Sigo intentando alargar mi salida al campo, que se acabe el partido antes de hacerlo. Creo que es la primera vez en mi vida que no quiero jugar un partido. El árbitro pita el final, ni siquiera me ha dado tiempo a sudar. Me quito mi camiseta y la tiro al suelo. Estoy hasta las narices.

Donde el tiempo pasa más despacio es fuera del campo. No hay noticias sobre mi control.

—Tienen un mes para dar el resultado. Deben hacerlo dentro de ese plazo —me dice el médico. Eso me da algo de tranquilidad, porque si fuera positivo, ya hubiera salido. No sé, pero quiero convencerme de que es así.

Sin embargo, esa inquietud me pasa factura en lo físico.

«¿Otra vez? No puede ser».

Siento un pinchazo en la pierna, esta vez en la zona del isquiotibial. No sé muy bien si decirlo o no, porque son tantas lesiones en tan poco tiempo que no sé si creerán que me estoy borrando del equipo, pero tengo que parar.

—He notado un pinchazo —le digo al preparador físico.

—Vale, mejor vete al vestuario y que te vean los fisios —me dice cuando termino de explicarle la zona donde me duele.

Otra vez me he vuelto a romper, estoy seguro de ello. He perdido la cuenta de las veces que he tenido que salir del campo lesionado en los dos últimos años. No sé cuántas son, pero mi cabeza ya no puede más con esto. Entro en el vestuario y voy a la zona de fisioterapia para que me vean.

—¿Qué pasa chicos? ¿Cómo vais? Creo que me he vuelto a romper —les digo a los compañeros que se están recuperando y a los fisios.

Pero ninguno me responde. Solo me miran sorprendidos.

—¿Qué pasa? —pregunto.

—¿No has visto lo que ha salido? —me dice uno de los fisios.

Mi estómago da un vuelco. Me entra un escalofrío. No hace falta que me expliquen nada. Me voy al vestuario y miro en el móvil. Hay una noticia en As.com de mi positivo. He dado positivo en el control antidopaje del partido ante el Betis.

Ellos tienen la exclusiva de mi positivo por consumo de cocaína después del partido ante el Betis el 16 de febrero de 2014. Se había pasado el plazo de un mes que me habían dicho, pero ha salido. Nadie en el club me ha avisado de que iba a salir. Me he enterado por la prensa.

—Dani, nosotros también nos acabamos de enterar por la prensa —me dicen cuando les pregunto.

Me ducho, recojo mis cosas y salgo rápidamente de la ciudad deportiva del Granada. Fuera hay muchos periodistas. Intento pasar entre ellos para ir a mi coche. No dejan de preguntarme.

Yo no digo nada. Es mejor no decir nada. Me monto en el coche y voy a casa. No sé si me siguen los periodistas, pero voy rápido. Llego a mi casa y veo a varios periodistas que me están esperando. Nunca he visto a tantos juntos en Granada, ni siquiera cuando el ascenso a primera. Entro en el portal, abro la puerta de casa y bajo todas las persianas. No quiero que vean nada desde fuera. No quiero que me graben. Me encierro y llamo a Quique llorando.

—Ahora ya está, tranquilízate. En unos días te llamo y nos vemos —me dice.

No hay mucho más por su parte. Tampoco sé si debe haber mucho más, la verdad. Apago el teléfono. Solo quiero desparecer. Me meto en la oscuridad más profunda de mi casa.

24

Dos semanas. Creo que han pasado dos semanas desde que se dio a conocer mi positivo. No estoy seguro de que hayan sido dos semanas porque no sé ni en qué día vivo.

Llevo todo este tiempo encerrado en casa, sin salir de ella y con las persianas casi todo el tiempo bajadas. No he visto la televisión. Tampoco he mirado en el móvil nada sobre mi positivo. No quiero saber nada de lo que dicen sobre mí. Mis amigos y mi pareja salen a comprar. Yo no salgo de casa. Al menos hace días que los periodistas se fueron. Creo que se cansaron de que no saliera nunca. Hoy tengo que ir a las oficinas del club. Voy a firmar mi baja como jugador del Granada. Me han sancionado dos años sin poder jugar. Entro en un pequeño despacho y firmo los papeles que me dan. No leo lo que pone, lo ha hecho antes mi representante. Me aconsejó que no dijera ni hiciera nada más.

—Dani, ve allí y firma. Sin más.

Eso es lo que hago. Me levanto de la silla y salgo del despacho. No sé si habrá periodistas fuera esperándome, si alguien les habrá llamado para decirles que estoy aquí firmando mi baja como jugador del Granada. Esta firma es el único contacto que he tenido con el club desde la llamada a Quique al poco de que saliera la noticia. Algún compañero me ha mandado un mensaje, pero poco más. Es normal, no los culpo. Es muy complicado para ellos tener cualquier relación con un jugador que ha sido sancionado por dos años por consumir cocaína. Los perjudicaría y los señalaría.

Vuelvo a casa y empiezo a recoger las cosas. Me voy de Granada.

Solo se lo he dicho a mis amigos más cercanos, que entienden mi decisión. También lo entiende mi pareja. Aunque ella es de Granada y tiene su familia aquí, quiere venirse conmigo. Meto todas las cosas que quiero llevarme en una furgoneta que he alquilado y salimos de la ciudad. Aquí se acaba para siempre mi carrera. Dejo el fútbol para siempre.

Sin fútbol y sin futuro. He perdido todo en poco tiempo. Como una noche muy mala en el casino.

Estoy en Mallorca. Me he venido aquí después de mi sanción para empezar una nueva vida, centrarme en el negocio que tengo. Bueno, tenía, porque está hecho pedazos. Hace cerca de un año que invertí en un negocio, en Peguera, una increíble zona de playa en Mallorca llena de turistas. Siempre había tenido en mente montar un negocio, un restaurante de carne para los alemanes que están en la isla. Pero salió esta oportunidad a través de los padres de mi representante.

—¿Tú no quieres poner un negocio? —me dijo para lanzarme la oportunidad.

La oportunidad era un rentacar y a mí me pareció una buena idea, porque la gente necesita alquilar coches para moverse cuando vienen de vacaciones a Mallorca o para los alemanes que pasan largas temporadas en la isla. Invertí mucho dinero, más de un año de mi ficha. Sin embargo, he llegado a Peguera y me he encontrado que no hay casi dinero en la caja y la mayoría de los coches están vendidos. Así que no tengo nada. Sin coches en un rentacar y sin fondos, qué narices voy a hacer.

Mi tío, que trabajó durante unos meses en el negocio, ya me avisó:

—Como no metas mano ahí, se va a la mierda.

Pero yo no le hice caso. Pasé de él y ahora me doy cuenta de que la he cagado. Por gilipollas, por confiar en mi socio, el hermano de mi representante. Pero él se lo ha gastado en drogas. Quise darle una oportunidad, porque me gusta hacerlo con las personas que han conseguido salir de situaciones muy jodidas. Él fue un yonqui de Barcelona en los años ochenta, una época que se llevó por delante a muchos. Consiguió salvarse de ese infierno con la ayuda de sus padres, que nunca lo abandonaron. Se rehabilitó. Cuando lo conocí, me pareció un tío muy válido para el negocio, para captar clientes. Tiene un don para caer bien y se relaciona muy bien con la gente. Pero yo no sabía que había vuelto a su adicción. Tampoco sus padres. Les digo cómo está su hijo y cómo él ha destrozado mi negocio.

—Me voy a alquilar un piso en Peguera, quiero estar cerca del negocio —le comento a mi mujer.

Pero es solo una excusa. La otra es que no puedo estar yendo y viniendo de Inca a Peguera todos los días, más de cien kilómetros diarios entre ida y vuelta. Pero, en verdad, no me voy a Peguera por ninguna de esas dos excusas. Quiero ir allí porque quiero estar solo. Me he traído conmigo de Granada la oscuridad en la que vivo desde hace mucho tiempo. Apenas paso por el negocio. No quiero saber nada del mundo, ni siquiera casi de mi mujer y mi hija. Las veo muy poco, por lo que me distancio cada vez más de ellas. Me quedo en casa casi todo el tiempo. Bebo mucho alcohol y consumo drogas. No había consumido antes del positivo, pero ahora son un refugio para mí. A veces lo hago con amigos que vienen a casa, pero otras muchas solo. Todos los días son iguales para mí. Solo quiero eso y oscuridad. Me gusta tener las persianas bajadas, como hacía en Granada. Para qué preocuparme de lo que hay fuera. Ahí no tengo nada que ganar ya. He perdido todo lo que tenía en muy poco tiempo. El fútbol y ahora mi negocio.

Pero siempre, como también es habitual en mi vida, todo puede ir a peor. Mi mujer se va a Granada. Asuntos graves de pareja en una pareja que ya casi no tenía contacto. Se lleva a mi hija con ella. Está bien, lo entiendo y lo respeto, porque en mi estado no puedo cuidar de nadie, ni siquiera de mí mismo. Pero ha vuelto a pasar. Tengo a mi hijo Francis en Mallorca y apenas lo veo. Ahora Candela se va a Granada. Así que tampoco la veré mucho. Bueno, al menos tengo mi particular terapia de choque para olvidarme de mis problemas durante un tiempo. Antes eso lo hacía en el campo, ahí me olvidaba de todo por un par de horas. Pero ahora no tengo ni siquiera el fútbol. Tengo que recurrir a otras que sé que me pueden destruir, pero me da igual. Que pase lo que tenga que pasar.

Volver a empezar

25

Es curioso. Mis peores momentos siempre han llegado después de terminar mis relaciones, o cuando se están rompiendo. Pero también siempre me he levantado cuando empiezo una nueva relación.

He conseguido salir de la oscuridad. De una tremenda depresión, como me dice la gente que me acompaña todavía. Sí, creo que le puedo llamar así a lo que me ha pasado, «depresión». Ya me ha pasado antes, pero prefiero seguir sin querer poner nombre, porque sigo pensando que una lesión no es grave hasta que se le pone un nombre. Ahora sí sé de lo que hablo después de pasarme los dos años últimos años de mi carrera acompañado de nombres de lesiones.

Ha aparecido para mí un «salvavidas». Es una chica de Granada a la que conocí hace tiempo en una noche de fiesta. Ella me ha sacado de la oscuridad. Hablábamos de vez en cuando, pero empezamos a hacerlo más y a vernos desde que mi exmujer se marchó a Granada. Ella me ha ayudado a salir de mi horrible día a día en Peguera. Meses en los que he estado muy cerca de acabar conmigo mismo. Lo que sí está destruido es mi negocio. Solo le queda un final agónico, por eso prefiero dejarlo en manos de otra persona. Estaré atento por si acaso, a ver si consiguen sacarlo a flote, porque aposté por él como mío, pero sé que será muy complicado. Más todavía después de salir a hostias con mi socio. Pasé una noche en el calabozo por eso, por agredirle. No pude contenerme ante tanta rabia acumulada. Me denunció, pero sus padres afortunadamente quitaron la denuncia.

Ahora, después de meses muy jodidos, puedo decir que llevo una vida más o menos normal. La vida que puede llevar cualquier persona de mi edad, veintiocho años. Tengo pareja estable y una vida tranquila. Ya apenas salgo. No lo necesito. Y el fútbol, aunque tenía claro que se había acabado cuando me sancionaron, vuelve a estar en mi cabeza.

Es curioso también. De pequeño, soñaba con jugar en el Constancia. Entonces para mí era el mayor logro que podía alcanzar como jugador. Ahora por fin formo parte del Constancia, pero no para jugar, sino para rehabilitarme como jugador y también personalmente. El club me ha abierto las puertas de par en par para entrenar con ellos, para no perder la forma. Comparto vestuario con gente que juega en tercera división. Personas que no viven del fútbol, sino que juegan por pasión. Algo que yo perdí. A través de ellos empiezo a arrepentirme de lo que he hecho, de todos mis errores. Dejé pasar el mejor tren posible y será difícil volver a tomarlo.

El Constancia también me permite rehabilitarme conmigo mismo.

—Dani, queremos que cuentes a los chicos tu experiencia.

Quieren que les cuente cómo un jugador de fútbol que lo tuvo todo, acabó perdiéndolo también todo. Un claro ejemplo para no repetir, está claro, pero ellos creen que puede ser bueno para los chicos, una lección de vida para aprender. Me abro ante los chicos para contarles en todo lo que me he equivocado. No solo el fútbol, también los errores fuera de él.

Los entrenamientos en el Constancia me están costando. Es normal después de abandonarme física y mentalmente durante varios meses. Por suerte, siempre he tenido la capacidad de ponerme en forma rápidamente. Algo a lo que me ayuda ser delgado y con serias dificultades para ganar peso.

Cada día me encuentro mejor. Las charlas con los chicos del Constancia también ayudan. Son como una terapia para mí.

—Dani, tenemos que prepararnos para cuando acabe tu sanción —me dice mi representante.

Se acerca el mercado de fichajes de invierno de 2016. Una ventana de un mes para que los equipos puedan contratar jugadores. Casi siempre, es un mercado de «saldo» para solucionar los problemas o deficiencias que los equipos arrastran desde el verano. Pero para mí es la gran oportunidad de volver. Puedo firmar por un equipo, aunque no podré jugar hasta mediados de febrero, cuando se acabe la sanción de dos años. Me está ayudando Pablo García Quilón, un representante con muchos contactos. Es una buena noticia, sin duda. La mala noticia son mis antecedentes.

—¿Quién va a querer firmar a un jugador que viene de una sanción por consumir cocaína y lleva dos años sin jugar? —le digo a mi representante.

Sin embargo, en verdad, lo que más me preocupa no es eso, sino cómo me pueden tratar cuando vuelva.

—¿Te imaginas los compañeros? ¿Y la afición? ¿Qué pasará cada vez que falle o algo no me salga bien?

Mi representante busca equipos, pero no hay ofertas. En primera es imposible. Tampoco hay nada en segunda. Estoy a punto de tirar la toalla, al menos en España.

—¿Por qué no pensar en un equipo fuera? —le digo a mi representante.

Entramos en enero y recibo una noticia que no esperaba. Es de Mikel Rico.

—No me falles —me dice.

Mikel ha hablado con el Huesca, él jugó allí antes de hacerlo en el Granada. El Huesca está en segunda. Además, el entrenador es Anquela y está Iñigo López, un central con el que hice muy buena relación en el Granada. Así que sí, vuelvo al fútbol después de dos años, aunque no será hasta febrero cuando pueda jugar. Mientras llega esa fecha, estaré a prueba dos semanas con el Huesca. Quieren saber cómo estoy después de tanto tiempo. Y yo también. Quiero saber si estoy listo para volver porque no es lo mismo hacerlo en el Constancia que hacerlo en un equipo profesional. Un equipo profesional es otro mundo, tienes que jugar a otra velocidad, como también les dije a los chicos del Constancia que aspiran a llegar lejos en el fútbol.

Es mi primer entrenamiento. Entro en el vestuario lleno de vergüenza. No me había pasado en mi vida antes, pero me preocupa ver cómo me recibirán los compañeros. Que puedan decirme: «¿Qué narices haces tú aquí?».

Me sudan todas las partes de mi cuerpo. Me siento en el vestuario y me cambio sin decir nada y casi sin levantar la cabeza. Pero la reacción de los compañeros es todo lo contrario de lo que me esperaba. Uno me da la mano, el siguiente la bienvenida, otro mucho ánimo... Llega Iñigo, con muy buen *rollo* conmigo. Y Anquela.

—Chico, me alegro mucho de que estés con nosotros —me dice.

Sin su decisión no habría sido posible estar aquí. Nadie me ha echado en cara mis antecedentes o me ha dicho qué hago aquí. De la vergüenza, paso a los nervios de no saber cómo responderé en el entrenamiento.

Empieza la sesión y me siento cómodo. Para estar tanto tiempo fuera del fútbol, la verdad que no me veo muy oxidado. Si me viera Mikel, seguramente pensaría lo que me decía siempre en el Granada:

—¿Cómo lo haces, tío? ¿Cómo cuidándote tan poco no te pasa factura?

Termino el entrenamiento con muy buenas sensaciones. Me preparo porque por la tarde he quedado con el director deportivo del Huesca, Gonzalo Arantegui, en un hotel de la ciudad para firmar mi contrato. No he firmado todavía con el Huesca aunque haya entrenado ya. Llego a la reunión muy contento por mi primer día. Miro los papeles, también los tiene mi representante, que no está en la reunión. Creo que anda por algún sitio de España, buscando equipos a otros jugadores que tiene. Empiezo a leer y algo no me cuadra.

—¿Cómo? ¿Y esto? —le digo a la gente del Huesca—. Esto no estaba en el contrato que me habíais enviado antes de venir aquí. No había nada que dijera que mi contrato se acaba si me lesiono en las dos primeras semanas.

—Sí, sí estaba —me responden.

—Eso no es verdad. Tengo que hablarlo con mi representante.

—Tomate el tiempo que quieras, pero sí estaba.

Llamo a Pablo y le cuento lo que pasa.

—No, eso no estaba en el contrato. Mi consejo es que no firmes nada y esperes. Seguramente pueda encontrar otro club —me dice mi representante.

Joder, tengo que volver al despacho y decirle a la gente del Huesca que no firmo cuando ya he entrenado con ellos.

—¡¿Cómo?! —me gritan cuando se los digo—. Te damos una oportunidad cuando nadie lo hacía y encima esto. ¡¿Quién cojones te crees que eres, chaval? —me grita más alto Arantegui, «Lalo». Así se le conoce.

Está encendido conmigo. Pero para mí esto tampoco es fácil. Sé que me han dado la oportunidad, que se la debo a Mikel también, pero esto no es justo. Está claro que no estoy para exigir nada, pero no puedo firmar ese contrato. No es justo.

—¿Cómo voy a firmar un contrato en el que no tengo derecho a lesionarme? Todo el mundo se puede lesionar —les explico.

Pero la gente del Huesca ya no quiere escucharme.

Es imposible llegar a un acuerdo así. Obviamente, no hay firma. Se acaba mi etapa en el Huesca. No ha durado ni siquiera un día, pero me doy cuenta de la cagada que fue entrenar con ellos antes de firmar nada.

Mientras voy camino a tomar un tren para Madrid, el Huesca saca un comunicado en el que dicen que yo he intentado modificar el contrato. Que yo he querido cambiar las condiciones para forzar no firmar.

«Bueno, que digan lo que quieran».

Sé que es fácil arremeter contra mí por mi situación y mi pasado, pero me da igual. Quiero volver a jugar, pero no así. Pablo, mi representante, me ha dado una serie de órdenes para las siguientes horas: tengo que tomar un AVE a Madrid, estoy en ello, y pasar la noche allí.

—Mañana nos vamos a Alcorcón pronto por la mañana para hablar con ellos y si todo está bien, firmar —me llama para decirme cuando llego a la estación de Atocha en Madrid de madrugada.

No me complico y busco un hotel por la zona para pasar la noche.

Las negociaciones con la directiva de Alcorcón son rápidas y sencillas. Firmo por seis meses, pero no me importa. Solo quiero demostrar que puedo volver a jugar al más alto nivel, sean cinco, cuatro o un mes.

«Doy las gracias al Alcorcón por darme esta oportunidad de volver a empezar. Estoy muy contento, deseando volver a jugar y a ayudar al equipo», digo para la página web del club, que anuncia mi fichaje acompañado con una foto mía vestido de calle, con la ropa que llevo desde un par de días. Un abrigo oscuro y camiseta negra con rayas horizontales. No es la mejor foto de presentación de un jugador, la verdad, pero tampoco me importa mucho.

—El lunes hacemos la presentación oficial con los medios —me dice la persona de prensa del Alcorcón.

En el fin de semana voy a ver el partido de mis nuevos compañeros en las gradas del Santo Domingo. Conozco bien el estadio, porque aquí jugué con el Granada por el ascenso a segunda hace años. Es un campo pequeño, pero en el que la afición aprieta. El fin de semana lo aprovecho también para mirar casas de alquiler en Alcorcón. Vivir en Madrid es tentador, pero estoy *pelado* de dinero y el sueldo con el Alcorcón sé que no me dejara mucho margen más allá del alquiler y los gastos del día a día.

Es lunes, rueda de prensa con los medios para mi presentación. Estoy bastante nervioso, porque en los casi dos años de sanción apenas he querido hacer entrevistas. Me siento en la silla. Sé que me van a preguntar por mi pasado. Es obvio. Pero realmente mi cabeza está puesta en entrenar, quiero empezar cuanto antes. Quitarme las malas sensaciones del Huesca.

—La inactividad me sirvió para aprender de los errores cometidos y tener claro que todavía me quedan años de fútbol porque vuelvo con más ganas. Cometí un error y ahora tengo que volcar la situación y volver a ser futbolista —respondo cuando me preguntan por la sanción y lo que he vivido en los dos últimos años.

Como también es obvio, en este caso para mí, no les cuento la oscuridad en la que estuve bastantes meses. Casi todos los medios titulan mi rueda de prensa por una respuesta: «Quiero aprender de los errores cometidos». Bueno, no está mal para volver a empezar.

También les he dicho que tengo un poco de ansiedad por volver a entrenar: «Hasta que no empiece a entrenar con todos y que me vea el entrenador, Juan Ramón López Muñiz, no estaré tranquilo».

Es lo que siento. En el entrenamiento Muñiz me da la bienvenida. Parece buen tipo. Está haciendo un gran trabajo con el Alcorcón, equipo al que tiene metido en la pelea por los puestos de arriba. Él y su cuerpo técnico tienen un plan para mí para ponerme en forma. Las próximas cuatro semanas, las que quedan hasta que cumpla la sanción, trabajaré de manera individual. Y poco a poco, según me vayan viendo, me irán integrando al grupo o no. Obedezco y me pongo a trabajar como ellos me dicen.

Los entrenamientos son exigentes, pero los aguanto bien. Mi día a día en Alcorcón, mientras, lo centro en cuidarme lo máximo que puedo. Nunca lo he hecho así antes, pero esta vez quiero que sea diferente. Mi estado físico sorprende al preparador que está conmigo, también a Muñiz.

—Vas a empezar a hacer cosas con el grupo —me dice.

Mucho antes de lo que pensaban el plan que tenían ideado para mí comienza a dar resultado. Entrenar con mis compañeros lo hace todo más divertido, entro en la dinámica y velocidad del juego, a la vez que los días para que acabe la sanción van cayendo. Una de las cosas que haces cuando entrenas con el grupo es jugar los «partidillos». Es lo mejor para mí de los entrenamientos y, además, es la señal de que estoy al nivel del resto de compañeros o al menos estoy cerca de ellos.

Nos ponemos en las bandas a jugar un «partidillo». Me siento con muchas ganas, voy a cada balón como si fuera un partido oficial. Un balón va al segundo palo y salto de cabeza para rematar. Al caer, me resbalo y los tacos se me enganchan con algo. Mi pierna derecha cruje. He caído con todo el peso de mi cuerpo sobre mi pierna derecha. No puede ser. Me duele mucho. No puede ser que me haya roto. Conozco bien las sensaciones de cuando te rompes, pero esta vez es mucho más doloroso. Me miro la pierna y tengo el tobillo derecho totalmente girado. Me mareo al verme el tobillo así y por el dolor, pero aguanto.

Las pruebas médicas confirman todos mis temores: tengo una grieta en la tibia y rotura de la sindesmosis en el tobillo. Creo que es lo que me intenta explicar el médico, porque mi cabeza está en otro sitio.

—Ha sido mucha mala suerte, porque te enganchaste con los tacos del pie izquierdo a la rejilla de desagüe que hay en la banda, entre el campo de fútbol y la pista de atletismo —me dice el médico—. Por eso esa caída tan fea y la lesión. En principio son cuatro meses de baja. Pero tenemos que valorar a los tres meses cómo va la recuperación porque si no va bien, tendremos que operar —añade el médico.

Estoy batiendo mi propio récord. No he jugado todavía con el Alcorcón un partido oficial y ya me he lesionado.

Llega el 16 de febrero, la fecha en la que se acaba mi sanción de dos años. Sin embargo, cumplo la sanción con la pierna escayolada y para arriba. Tengo que estar el primer mes así, sin poder moverme.

—No te preocupes, Dani. Si yo sigo en el club, pido que la próxima temporada te renueven —me dice Muñiz—. Y si no, veremos a ver qué pasa.

Por suerte, tengo el apoyo del entrenador. Eso al menos me tranquiliza. O al menos quiero convencerme de que me tranquiliza.

26

Vuelvo a estar sin equipo. Mi contrato de seis meses con el Alcorcón no se renueva. Me voy del equipo sin jugar un partido porque no me ha dado tiempo a recuperarme antes de que acabara la temporada.

Sé que encontrar equipo en el verano será incluso más difícil que antes de la sanción, por lo que pasó en el Huesca y en el Alcorcón. Una vuelta frustrada, sin jugar un solo partido. Me voy a Mallorca a pasar el verano, desconectar y esperar a que pueda salir algo. En mi cabeza tengo una idea, la última esperanza si quiero volver a jugar al fútbol: necesito encontrar un club, hacerlo bien y desde ahí buscar una oportunidad en el extranjero. En España, en primera y segunda, va a ser muy difícil, por no ser imposible. ¿Segunda B? Con eso me conformaría. El Racing de Ferrol se pone en contacto conmigo. Lo hace el director deportivo, Carlos Mouriz, que me dice que me llama por recomendación de uno de los entrenadores que tuve en mi etapa en el Mallorca. Por suerte, todavía hay gente que quiere ayudar.

Sin embargo, yo tengo dudas porque Ferrol es alejarme de mi entorno. Ya me pasó cuando estuve en Pontevedra. Ahí estuve bien, pero casi aislado.

—Tienes que ir. Será una buena oportunidad, ya verás —me dice mi novia.

Ella está más convencida que yo de que debo ir a Ferrol.

—Me voy contigo y verás cómo va a ir bien —añade.

—Vale, pues no se hable más. Nos vamos a Ferrol.

La gente en el equipo se porta muy bien con nosotros, también los compañeros. Busco una casa en una aldea, muy cerca de Mugardos. Es un pequeño pueblo en la ría de Ferrol. Más que suficiente para la vida de ermitaño que quiero llevar. Entrenamiento y por las tardes a pescar a la ría. Apenas alguna vez quedo con los compañeros del equipo, pero llueve casi siempre y me da mucha pereza salir de casa. Yo siempre he pescado, desde niño. Me encanta. En la ría pesco, sobre todo, calamares. Esa es mi cena muchas noches. Mi novia y yo vivimos con lo justo, porque a los gastos de la vivienda tengo que sumar la manutención de mis dos hijos.

Es 2 de noviembre de 2016, jugamos contra el segundo equipo de Osasuna. Osasuna fue el equipo que me quiso contratar hace varios años. Ahora, sin embargo, voy a jugar contra el segundo equipo. Las vueltas que da la vida.

Ellos se ponen por delante, 1-0. No podemos perder contra Osasuna, porque llevamos varias jornadas sin ganar. El equipo está hecho para ascender, al menos es lo que ellos quieren y yo también lo necesito. Me cae un balón, al borde del área, y golpeo con mi pierna izquierda. El balón va para adentro. Sí, es gol. Mi primer gol desde hace casi tres años. Se me habían olvidado las sensaciones de marcar un gol. Mis compañeros me felicitan. Creo que he vuelto al fútbol definitivamente, porque un gol te cambia la vida.

Juego con bastante continuidad en el Ferrol, algo extraño para mí. Había perdido la costumbre de jugar dos partidos seguidos. Termino el mes de noviembre con otro gol más, en la victoria ante el Somozas, 0-2. Ha sido una buena idea venir a Ferrol para volver a empezar de nuevo. Siento que he acertado con la decisión.

—Hola, Dani, soy Mikel. Mikel Arruabarrena.

Me suena su nombre porque creo que he jugado contra él alguna vez. No sé de dónde ha sacado mi teléfono, pero me llama para presentarme una oportunidad:

—Estoy jugando en Chipre, en AEL Limassol. Va a venir un entrenador portugués y está buscando un jugador de banda rápido. A ver si te puedes venir con nosotros.

Ufff, no me lo puedo creer. Es justo lo que estaba buscando. Una oportunidad de jugar en el extranjero.

—Bueno, déjame hablarlo con el Ferrol, porque ellos quieren subir a segunda y estoy aquí por eso —le digo, sin cerrar la puerta.

Hablo con la gente del Ferrol. Les cuento que me ha llegado una oferta de Chipre, de un club de primera.

—Creo que nos hemos portado muy bien contigo, Dani. Sinceramente, creemos que nos deberías de ayudar, el equipo lo necesita —me dice el director deportivo. No me hace falta escuchar más, lo entiendo.

Llamo a Mikel para decirle que he tomado una decisión:

—La oferta es muy buena, pero aquí apostaron por mí cuando yo estaba mal. Mikel, si el entrenador quiere que vaya el año que viene, voy, pero este año no puedo. La gente del Ferrol se ha portado muy bien conmigo y no me puedo ir.

Mikel lo entiende.

—No te preocupes, yo se lo digo al club y estamos en contacto.

Sé que estoy arriesgando mucho, porque tal vez no vuelva a tener una oportunidad así, pero no puedo irme en estos momentos del Ferrol. Debo y quiero ser justo con ellos.

Sin embargo, no puedo ayudar al equipo a subir a segunda división. Nuestra temporada ha sido irregular en algunos momentos y nos hemos quedado fuera de los *play-offs* a varios partidos del final. Por mi parte, al menos sé que me he dejado todo lo que he podido. Eso me deja tranquilo.

—Mikel, ¿siguen interesados en mí?

Llamo a Mikel antes de irme de vacaciones a Mallorca para saber si se mantiene la oferta.

—Sí, sí. El entrenador sigue interesado en ti. Así que se pondrán en contacto contigo si tú quieres.

—Por supuesto —respondo.

Chipre me recuerda mucho a Mallorca. Es una isla, tiene el Mediterráneo y la gente es muy cercana, incluso aunque tenga que hablar con ellos en inglés. Mi inglés está lejos de ser perfecto, pero es más que suficiente para mi día a día. En el equipo, Mikel me ayuda a integrarme rápido. Él está encantado de estar aquí. Llegó en 2016, uno más de los muchos jugadores españoles que están jugando en Chipre. Realmente me siento muy a gusto. Venir a Chipre es mi primera experiencia como jugador fuera de España, y sentía algo de inseguridad por eso.

«¿Cómo será una nueva vida fuera?», me preguntaba.

Pero estoy como en casa, o incluso mejor. Mikel también me ayuda en la presentación con el entrenador portugués. Es Bruno Baltazar, un técnico joven, que llegó a Limasol con la experiencia de entrenar a un modesto club de su país, el Olhanense.

—Bienvenido al equipo, tenía muchas ganas de que estuvieras con nosotros.

—Gracias por la confianza en mí.

Bruno me conocía de mi etapa en el Granada. También ha visto algunos de mis partidos con el Ferrol. Sé que el Ferrol me ayudó a recuperar mis mejores sensaciones. Por supuesto, también sé que sin ellos no estaría en Chipre, ni tampoco habría conseguido una ficha más alta, que me ha dado aire económicamente. Todo eso me hace valorar mucho más la gran oportunidad que me dieron. El proyecto deportivo del AEL Limassol, aunque modesto, es muy atractivo. Tenemos un objetivo muy importante en la pretemporada: entrar en la fase de grupos de la Europa League 2017/18. Son cuatro eliminatorias hasta conseguirlo, así que será un camino largo durante el verano. Para mí, será la primera vez que juego una competición europea.

Nuestro primer rival es un equipo de Gibraltar, el St. Joseph's. Solo el entrenador y sus analistas lo conocen. El resto, no sabemos nada de ellos, salvo que muchos de sus jugadores, casi todos creo, no son profesionales. El entrenador me saca al campo a falta de poco más de media hora, con 0-3 a nuestro favor. Marcamos un gol más poco después de salir yo al campo, para ganar 0-4. El partido de vuelta en nuestro estadio es aún más fácil. Salgo de titular en mi estreno en el campo del AEL Limassol. Si hacía calor en Gibraltar, lo hace todavía más en el partido de casa. Los goles van cayendo poco a poco: 1-0 en el minuto dos, 2-0 en el treinta y siete, 3-0 en el cuarenta y cinco. Yo sigo en el campo, quiero jugar más y también marcar mi gol. He tenido varias ocasiones para hacerlo, pero esta vez no fallo. Hago el 4-0, mi primer gol en competición europea. Es una previa, sí, pero es competición europea, al fin y al cabo. El partido termina con 6-0; un global de 10-0 a nuestro favor. Me he estrenado en Europa con gol y una enorme goleada. Pero sabemos que el St. Joseph's estaba muy lejos de nuestro nivel. Es un equipo casi *amateur*.

Nuestro siguiente rival es de Luxemburgo, el Progrès Niederkorn. Ganamos 0-1 fuera de casa, con un gol de Mikel. Yo no voy convocado. En casa ganamos 2-1, en un partido gris y con más sufrimiento de lo que esperábamos. Pero nos vale para seguir adelante en las eliminatorias previas.

El siguiente equipo que nos depara el sorteo es un rival que nos suena mucho más que los dos anteriores: el Austria de Viena. Yo estuve en Austria dos veces con el Mallorca en pretemporada. Me trae buenos recuerdos ese país. Sin embargo, no voy convocado al partido en Austria.

No consigo entrar en el once de confianza del entrenador, pero sí juego en la vuelta. En el minuto cuarenta, el Austria de Viena se pone por delante. Así que necesitamos dos goles para pasar, por el valor doble de los goles fuera de casa. Se nos ha complicado mucho la eliminatoria, pero no nos rendimos. Baldé hace el 1-1 y cuando falta un cuarto de hora para el final, el entrenador me llama para sacarme al campo.

—Quiero que seas vertical.

Necesitamos un gol más y el tiempo pasa rápido. Vamos arriba con todo. El Austria de Viena, mientras, tiene muy claro su plan: esperar atrás y salir a la contra. Nosotros dejamos toda nuestra espalda desguarnecida según van pasando los minutos. Los defensas se convierten en centrocampistas, los centrocampistas en delanteros y los delanteros estamos metidos dentro del área pequeña. Pero el gol no llega y el tiempo se acaba. Todos arriba, el Austria de Viena hace el 1-2. Hasta aquí llega mi experiencia en competición europea.

Eliminados de la fase de clasificación para la Europa League, al menos encuentro tiempo para buscar una casa de alquiler. No he podido hacerlo desde que llegué por los partidos y los viajes. Vemos una que nos interesa. Es pequeña, pero tiene un punto muy importante a favor: está muy cerca de la playa. Vamos a intentar hacer un proyecto de vida mi novia y yo en Limasol. Ella estudia inglés para intentar encontrar un trabajo. Nos acompaña Popeye, un Bull terrier que también estuvo conmigo en Ferrol. Como allí, las tardes las dedico a dar largos paseos con Popeye, muchas veces por la playa. Casi siempre hace buen tiempo, y el clima es templado en invierno. Por eso, como también pasa en Mallorca, vienen muchos extranjeros a Chipre. Sol, playa y buena comida. Todo eso lleva a una misma cosa: una buena vida. Hago un buen grupo de amigos con varios compañeros del equipo. Parecemos la ONU cuando nos juntamos con nuestras parejas. Davor Zdravkovski es de Macedonia; Kevin Lafrance, de Francia y Bogdan Mitrea, de Rumanía. También se viene con nosotros Rubén Jurado.

Cuando le contamos a nuestros amigos cómo vivimos aquí, todos quieren venir a hacernos una visita. Esta vez voy a buscar a la madre de mi novia al aeropuerto. Hay un control en la carretera, nunca había visto uno en los meses que llevo aquí porque, como dicen siempre aquí, en «Chipre nunca pasa nada». Es casi un eslogan del país, que sirve también para atraer el turismo. Llego a la altura del control y un policía me dice que me eche a un lado, como han hecho con varios coches antes.

—Buenos días —me saluda el policía en inglés—. ¿Podría darme su documentación?

«¿Mi documentación? Pufff». Tengo el carné de conducir, pero no vale para nada porque lo tengo suspendido por dos años. Fui a renovarlo antes de venirme a Chipre y me encontré con una sorpresa que no esperaba. No se me olvida la cara de la mujer que me atendió en la oficina en Mallorca.

—¿Renovar el carné? Pero si tendrás menos veintiocho puntos en el carné —me dijo la mujer—. Tienes muchas multas sin pagar, casi todas por excesos de velocidad.

Las multas me llegaron a mi primera casa en Granada, por eso ni me enteré. Las sanciones son por exceso de velocidad, por mis viajes al casino de Torrelodones en Madrid, Málaga y Almería. Pagué cinco mil euros de multas, con los intereses, pero me quedé sin carné de conducir por dos años. Así que me muevo en coche por Chipre con un carné de conducir invalidado. Se lo doy al policía. Si no lo hago, me meteré en un lío mayor. El policía me mira y me dice:

—Continúe.

Sigo mi camino al aeropuerto. Recojo a la madre de mi novia y unos amigos que también vienen con ella. Les encanta Chipre. También vienen a ver un partido. El estadio del AEL Limassol es modesto, incluso más que el campo del Ferrol. El nivel de la liga de Chipre está bien para mí, con un ritmo de juego algo más lento que en España que me favorece. El formato de la competición me sorprende más: se juega a dos vueltas y hay un *play-off* final por el título. Nuestro objetivo es llegar a ese *play-off* y después ver qué puede pasar. Pero en los *play-offs* me quedo sin mi principal valedor. Baltazar, el entrenador, deja el club. Yo estoy aquí por él, porque pidió un jugador rápido de banda. Aunque si no me esperaba su salida, menos todavía que unos días después firme por el APOEL Nicosia, el equipo más grande de Chipre y que está compitiendo en el *play-offs* con nosotros. A falta de poco para el final del campeonato, Baltazar cambia de equipo, eso sí, a uno que pelea por el título. En Chipre, un país donde nunca pasa nada, resulta que sí pasan cosas en el fútbol.

Termino la temporada con datos bastantes buenos para mí. Veintiséis partidos, dos más que en Ferrol, y tres goles. Sé que mis números están lejos de mis mejores momentos, como los cuarenta y un partidos que llegué a jugar el año en segunda con el Granada, donde hice también doce goles. Pero son buenos números para mí a pesar de todo, porque soy consciente de que ya no soy ese jugador de 2012.

27

En mi vida, los proyectos no suelen durar mucho tiempo. Ni en el fútbol, ni en lo sentimental.

Mi novia se va de Chipre. Nuestra relación se acaba. Así que nos quedamos Popeye y yo, pero no lo vamos a hacer en la casa que hemos estado hasta ahora. Nos vamos a vivir a Troodos, una zona montañosa a media hora de la ciudad deportiva del club y casi aislados del mundo. Solo hay unas pocas casas salpicadas por las montañas. Antes de mudarme, me llega una carta de la Administración de Chipre. Está en chipriota, así que no entiendo nada de lo que dice. Llevo la carta al club, para ver si alguien me ayuda a saber qué pone.

—Es una carta para ir a juicio —me dice la persona que me ayuda con la traducción.

—¿A juicio? ¿Por qué?

Resulta que me mandaron una carta hace unos meses por el control de policía antes de llegar al aeropuerto para recoger a la madre de mi novia y sus amigos. Aunque los policías no me dijeron nada en el control, me llegó después una multa por exceso de velocidad. Bastante por encima del límite. Ciento sesenta y dos kilómetros por hora, según pone en la multa.

—Esta segunda carta dice que tienes que ir a juicio y pagar la multa, si no vas puedes ir a la cárcel.

En la carta, viene el día que se celebra el juicio y dónde tengo que ir.

—No te puedes olvidar de ir —me deja claro la persona que ha traducido la carta.

En Chipre las leyes son muy restrictivas. Puedes ir a la cárcel por cosas que en España son impensables. Si no voy al juicio, puedo meterme en serios problemas. Así empieza para mí el segundo año en Chipre: hundido por haber roto con mi novia y con un juicio por delante. Mi proyecto de vida es un caos.

En el equipo, sigue Dusan Kerkez, el entrenador que terminó la temporada anterior. Es bosnio y tiene una apuesta de juego basada en dos puntos principales: seguridad atrás y esperar a tener nuestra oportunidad. Yo estoy acostumbrado a jugar así, lo hacíamos bastante en el Granada. En el comienzo de liga, el plan funciona bien, con dos victorias en los dos primeros partidos. Los dos por 1-0, está claro. Espero que mi juicio vaya igual de bien.

Llego al juzgado en Nicosia. Es un sitio que se ve bastante viejo, con paredes y suelos de color gris. Me acerco al funcionario que veo para decirle en inglés que vengo a un juicio.

—Pero así no puede entrar al juicio.

No entiendo muy bien a qué se refiere.

—¿Qué pasa? —le pregunto.

—No puede entrar en pantalón corto y sin zapatos.

Voy en pantalón corto y chanclas porque hace mucho calor. Aunque estamos ya en septiembre y es muy pronto por la mañana, en Chipre hace mucho calor.

—Entonces, ¿qué hago? No tengo otra ropa.

El funcionario me dice con las manos que espere y se va a un armario que tiene al lado de su mesa. De ahí saca un pantalón y unos zapatos negros. Todo bastante antiguo y con *pinta* de haber sido utilizado varias veces. Cuando agarro el pantalón, es una talla XXL. Es enorme. Los zapatos también son muy grandes, mucho más que mis pies.

—Tiene que ponerse eso para entrar al juicio, por favor —me dice el funcionario.

Me voy al baño y me pongo la ropa. Pero tengo un problema con el pantalón.

—Necesito un cinturón o algo, porque el pantalón se me cae —le digo al funcionario.

Me sobran varias cinturas. El funcionario me da una cuerda para que haga de cinturón. Vaya *pintas* llevo para entrar a un juicio. El funcionario se ríe al verme vestido así. También las personas que están dentro de la sala cuando abro la puerta. Son varios acusados puestos en fila, cada uno de ellos esperando su juicio rápido con el juez. Me miran de arriba abajo, y se ríen. Como el juez cuando me llama para que salga.

En inglés, el juez me explica mis cargos, también que me mandaron una notificación y que no respondí a ella. Por eso, la sanción es que tengo que pagar una multa económica.

—¿La acepta? —me pregunta el juez.

—Sí, claro.

—Listo. Siguiente, por favor —termina el juez.

Antes de salir de la sala, echo un vistazo atrás y veo al juez riéndose por mi manera de andar con unos zapatos varios números más grandes. Yo me agarro el pantalón, para que no se me baje. No quiero irme de un juicio en Chipre con el pantalón por las rodillas.

Me pongo mis chanclas y pantalón corto, y me voy a la ciudad deportiva del AEL Limassol porque tenemos entrenamiento.

Durante el trayecto, no paro de mirar el velocímetro del coche. No quiero líos. No quiero ni imaginarme si hubieran visto que tengo el carné de conducir suspendido. Desde ahora, tendré cuidado.

He salvado el juicio, pero creo que no una nueva lesión. Noto un dolor en el aductor de la pierna derecha. Llevaba tiempo sin sentir una molestia tan grave, al margen de la lesión en el Alcorcón por el accidente con la rejilla que me tronchó la pierna. No voy a decir nada por ahora, a ver si es cuestión de un dolor pasajero, sobrecarga o cualquier otra cosa. Tampoco tengo muchas ganas de decir nada, porque no quiero salir del equipo. Pero mi plan no sale bien: aguanto solo un par de entrenamientos más.

El dolor es bastante insoportable y no voy a arriesgar más por mucho que quiera jugar. El médico del club me examina y las pruebas señalan que es una hernia. Toca volver a pasar por el quirófano.

—¿Tiempo de baja? —pregunto al médico cuando se pasa a verme por la habitación del hotel.

—Alrededor de un mes o un poco más.

Lo peor de las lesiones y las operaciones no solo es el dolor, aunque esta es bastante dolorosa. Lo peor para mí es el aburrimiento. No puedo hacer nada, sobre todo los primeros días. Menos todavía en una casa que está en medio de la montaña. Se hace muy pesada la recuperación, y tampoco la herida de la operación ayuda. No está cicatrizando bien. No es muy agradable cuando voy a las curas, porque se ha empezado a infectar y sale pus. Más problemas, pero después de varias curas la herida consigue cerrar y eso me permite volver a empezar a entrenar después de un mes. Tengo ganas de volver a entrenar, estar con el grupo.

Me pongo las zapatillas para hacer algo de carrera, junto al fisio del equipo. Pero, apenas unos minutos de carrera, vuelvo a sentir el dolor. El mismo de antes.

—Me he operado, pero sigo teniendo el mismo dolor que antes —le explico al médico del club.

Él no llega a entender qué pasa, pero le dice al fisio del club lo que se puede hacer.

—Bueno, tal vez ir poco a poco para ver cómo responde.

Pero mi dolor no responde nada bien. Lo que iba a ser un mes de baja, como mucho mes y medio, va para cuatro meses. He tenido que parar de entrenar, no tenía sentido hacerlo con tanto dolor, ni siquiera unas carreras por el campo.

Estoy cansado de esto, así que tengo que hablar con el entrenador y el club. Tengo tomada una decisión para encontrar una solución, saber qué me pasa.

—Me voy a ir a España para que me vea un médico de confianza. Es el médico del Granada y lo conozco de mi época allí —le explico al club.

Ellos no me ponen problemas, porque tampoco son capaces de saber qué me pasa.

Llego a Granada y al día siguiente me paso por la clínica de José Luis Alguacil. Me hago varias pruebas y entro en la sala del doctor para que me diga qué me pasa.

—Esto no es una hernia, Dani. Es el tendón del aductor. Lo tienes destrozado.

—Entonces, ¿me he operado para nada?

—Parece que sí. Es el aductor.

No me lo puedo creer. Me he operado de una hernia que no tenía, una herida infectada, cuatro meses de baja y no ha valido para nada.

Me voy a quedar en Granada para recuperarme. Llamo al club para decirle mi decisión. No tiene sentido ir allí a hacerlo, porque he perdido la confianza en los médicos. Ellos no me ponen ningún problema.

Mi segunda temporada en Chipre es una lesión interminable, pero al menos la terminamos como campeones de Copa. Mis compañeros ganan 0-2 al APOEL en la final en un gran partido. Es mi primer título como jugador, pero es una fiesta con sabor agridulce para mí, porque no seguiré en Chipre la próxima temporada. El club y yo, aunque tenía un año más de contrato, hemos decidido que mi etapa en Limasol debe cerrarse con el mejor final posible. Y esta Copa lo es.

Esta última lesión es un claro aviso de que ya no estoy preparado para jugar al más alto nivel. Mi físico se resiente cuando entreno todos los días y juego más de un partido por semana.

«¿Por qué?». No lo sé.

No tengo respuesta para eso. Pero sí me he dado cuenta de que tengo que cambiar de vida. No aguanto el ritmo de un equipo profesional.

28

Tengo un ascenso a segunda con el Granada. Otro a primera también con el Granada. Hoy juego por el ascenso a segunda B con el Poblense. Si lo consigo, completaría mi particular *escalera de color*.

No sé si hay muchos jugadores que tengan esos ascensos. En mi nueva vida, compagino el fútbol modesto con una vida normal. Fútbol modesto porque juego en tercera con el Poblense. Pero, aunque pueda ser modesto, lo vivo con la misma tensión que siempre. No hay diferencia entre este partido que voy a jugar con el Poblense por subir a segunda B y cualquier otro que jugué con el Granada en primera, ni siquiera los del Santiago Bernabéu o el Camp Nou.

Me instalo en Peguera. Me quedo en el mismo piso que alquilé cuando estuve aquí por el rentacar y ayudo a mi tío, que tiene una empresa de construcción. Por las tardes, voy a entrenar con el Poblense. Pero lo mejor de todo, es que comparto esta nueva vida tan sencilla con mi novia. Volvimos durante mi tiempo de recuperación en Granada. Aquí estoy cerca de mi hermano y la familia de mi madre. Mis «titos», Luisa y Diego, que son como mis padres. También mis primas, que son como mis hermanas: Mari Carmen, Noelia y Laura. Me siento más adaptado que nunca en Mallorca.

Dentro de la tranquilidad de mi vida, aunque algunos rivales quieran quitármela en los partidos recordándome mi positivo, ya no hay nada de fiestas. No me interesan. Creo que agoté mis días de fiesta hace tiempo. Pero sí he vuelto a mi necesidad de jugar al póker online. Lo hago casi todos los días, aunque no lo hice ninguno de los días en los que estuve en Chipre. Juego más todavía cuando tenemos que estar encerrados por el Covid. Todas las noches, no fallo.

El parón por la pandemia condiciona la temporada. Es lo menos importante de todo, el fútbol, pero estábamos muy ilusionados con subir. Finalmente, y aunque había rumores de que no iba a terminar la temporada, el ascenso a segunda B lo jugamos en un *play-off* en julio, con dos eliminatorias.

En las semifinales pasamos contra el Felanitx aunque empatamos 1-1. Nos ha dado el pase quedar primeros en la clasificación antes de la llegada de la pandemia. La final es contra el Mallorca B, cómo no, el destino siempre es caprichoso conmigo. Jugar contra el Mallorca B me trae muchos recuerdos. En el Mallorca hay muchos chicos que, como yo hace años, sueñan con llegar al primer equipo. Espero que tengan más suerte de la que yo tuve, pero no esta tarde. Nosotros tenemos ventaja, porque el empate nos vale para ascender, también por acabar primeros la liga.

Pero ellos no esperan. Son jóvenes y salen fuertes desde el principio, buscando un gol. Lo hacen a la media hora, así que el 0-1 nos deja sin ascenso. El partido cambia, porque pasamos nosotros a buscar el empate, pero el Mallorca B se defiende muy bien. Tengo el balón, cerca de la línea de banda y meto un centro al área. No hay manera de penetrar por dentro su defensa. El portero del Mallorca B para el primer remate, pero Tià Sastre, nuestro delantero, hace el 1-1 en el rechace.

Sastre celebra el gol como un loco. Yo también. He vivido momentos importantes en el fútbol, pero no muchos como este. Pons, en la última jugada del partido, y con el Mallorca B volcado en nuestro campo, hace el 2-1 para nosotros. Estamos en segunda B y yo completo mi *escalera de color*.

El fútbol modesto, aunque está lejos de los mejores días en Granada, me gusta mucho. Los partidos tienen mucho nervio y se va al máximo. También salen oportunidades que en el fútbol de élite no podrías aceptar.

Me voy a Andorra. Soy como un paracaidista. Me ha llamado el Sant Julià. No conocía el equipo. Estoy aquí porque un compañero del Poblense me dijo que estaban buscando jugadores para las eliminatorias previas para ir a la Conference League 2021/22.

—¿Te quieres venir?

—Sí, claro, si hay posibilidad, claro que sí.

—Con tu nivel estoy seguro de que no tendrán dudas.

Mi compañero habló con el presidente del Sant Julià y al día siguiente me llamó. Mi contrato depende de lo que hagamos en las eliminatorias. Si seguimos adelante, sigo. Si nos metemos en Conference, me quedaré toda la temporada. Pero si nos eliminan a las primeras de cambio, se acaba todo.

—Está bien. Lo hacemos así —le digo al presidente del Sant Julià. Puede ser un mes, un año o una semana, pero me convence jugar otra vez en Europa.

Sin embargo, nuestra aventura en Conference League dura poco. El Griza United de Malta nos elimina a las primeras de cambio. Empatamos 0-0 en casa y caemos en los penaltis en el partido de vuelta. A pesar de caer eliminados, el club cambia de planes conmigo y me ofrece seguir en Andorra con ellos.

—Por supuesto —respondo al presidente.

Me encanta Andorra, también a Popeye. Para fichar, eso sí, solo le pido una cosa al presidente.

—Quiero vivir en un piso.

La mayoría de los jugadores viven en un hotel que tiene el presidente, pero yo odio los hoteles. Si no aguanto una noche antes de un partido, no me quiero ni imaginar vivir ahí todo el día. Con una semana que he estado es más que suficiente.

—Vale, te buscamos un piso. No hay problema.

No sé si será el paisaje o los paseos con Popeye, pero Andorra me lo tomo como un tiempo de reflexión para mí. Estoy lejos de todo, de mis hijos, de Mallorca, de mis amigos, pero me siento bien conmigo mismo. Muy parecido a cuando estuve en Ferrol, pero he cambiado la ría por las montañas.

Granada

29

Nunca han sido buenos para mí los comienzos de año. El de 2022, tampoco. El presidente del Sant Julià nos reúne a todos los jugadores del equipo.

—Tenemos problemas con los pagos —nos dice.

Muy malas noticias. Pero tampoco es algo nuevo para mí. Ya lo viví antes en el Pontevedra. Ahí logré tirar hacia adelante como pude, pero en Andorra va a ser difícil. Todo es mucho más caro, y además voy muy justo con mis gastos y la manutención que paso a mis dos hijos cada mes.

Tengo dos opciones: aguantar a ver si el problema se soluciona, aunque parece difícil, o irme. Pero, ¿a dónde? No es fácil.

En medio de todas mis dudas, recibo una llamada de una persona de Granada.

—¿Qué tal, Dani? ¿Cómo va todo por Andorra? Me he enterado de que estás por allí jugando ¡Qué buenas noticias! —me dice Fermín Criado.

Fermín es el presidente del Arenas de Armilla, un equipo de división de honor. Le conozco porque él estuvo en la directiva del Granada en mi época en el club. Es una buena persona.

Me sorprende la llamada de Fermín, porque desde que salí del Granada, nadie que tenga o tuviera relación con el equipo, salvo unos pocos compañeros, me habían llamado.

—Buenas, Fermín. Bueno, sí, estoy aquí jugando. Pero la verdad que la situación se ha complicado en las últimas semanas. El club no tiene para pagar las fichas.

Fermín hace una pausa, y me dice:

—¿Y por qué no te vienes para aquí y juegas con nosotros? ¿Qué te parece? Vente aquí hasta que acabe la temporada y luego ya ves qué haces.

La oferta de Fermín es buena, porque es volver a Granada. Allí puedo pasar más tiempo con mi hija, con Candela. Y también podré seguir jugando al fútbol. Pero antes de decirle nada a Fermín, quiero tener una conversación muy importante con la madre de Candela.

No es una llamada fácil, pero debo intentarlo.

—Hola, ¿cómo vas? —le pregunto.

Mi relación con ella ha tenido buenos y malos momentos desde que nos separamos, pero siempre me ha escuchado.

—Te llamo porque estoy pensando volver a Granada. Empezar de nuevo allí una nueva etapa y me gustaría estar cerca de Candela...

No termino del todo la frase. Estoy muy nervioso. Me toca esperar su respuesta.

—Me parece bien. Creo que es una buena idea que puedas venir a Granada y estar más cerca de ella. Candela también quiere estar con su padre.

Es la mejor noticia que escucho en mucho tiempo. La madre de Candela no puede verme, pero se me saltan las lágrimas.

—¡Muchísimas gracias! —le digo.

—No tienes que darme las gracias, Dani. Es tu hija y lo entiendo perfectamente. Haría mal si digo que no.

Me siento más feliz que nunca. Justo donde todo se torció para mí, en Granada, voy a empezar una nueva etapa. Está en juego algo mucho más importante para mí que el fútbol. Llamo a Fermín, poco después de la conversación con la madre de Candela.

—Presidente, que sí que me apetece mucho jugar con vosotros.

Los primeros días en Granada intento pasar desapercibido. Estoy con Candela y el resto del tiempo casi siempre en casa. Mis amigos saben que estoy de vuelta, y algunas pocas personas más, sobre todo gente relacionada con el fútbol.

Poco a poco, encuentro la normalidad en Granada. La gente, además, se termina de enterar de que estoy de vuelta porque juego en el Arenas. No sé cuánto tiempo más seguiré en el fútbol, pero estoy seguro de que el Arenas es un buen lugar para poner el punto final a mi carrera como jugador. Estoy rodeado de buena gente con una pasión por darlo todo que todavía mantiene también mis ganas de jugar. El apoyo de Fermín conmigo, además, no tiene precio.

En el Arenas, con mis compañeros y, por supuesto, con Fermín, siento el reconocimiento a mi carrera como jugador. Además, de algún modo, me sirve para reconciliarme con la ciudad de Granada.

Más todavía con el ascenso a tercera. No estaba en los planes, pero el equipo ha sido imparable desde que llegué. Sumo otro ascenso más en mi carrera, esta vez a tercera. Además, con dos goles míos para ganar 2-0 al Atlético Monachil en el partido decisivo para subir.

Camino a casa después de la fiesta del ascenso, los jóvenes aguantan mucho más que yo, hago repaso de mis ascensos. Tengo los ascensos desde tercera hasta primera. Cuatro. No sé si habrá otro jugador que tenga esos cuatro ascensos en su currículo.

Desde que volví a Granada estoy feliz. Más feliz que nunca lo he estado aquí. También ayuda, y mucho, la gente que he encontrado. Gente que me ayuda sin esperar nada a cambio. No muchas veces me pasó antes en Granada, salvo mi círculo de amigos, que siempre estuvieron y siguen ahí. Una persona muy importante para mí es Pepe. Desde el primer día que nos conocimos, encontré una gran conexión con él. Pepe me acoge con gran cariño, me ayuda en todo y se porta muy bien con mi familia. Es como mi hermano mayor, la persona que me abre los ojos en muchas cosas y me da fuerzas para seguir adelante.

—Eres una persona de las que ya no hay —le digo siempre que puedo para agradecerle por todo lo que hace por mí.

Pepe sonríe. Sé que esas palabras lo hacen feliz, porque mi felicidad, es su felicidad. Por eso le digo que ya no hay mucha gente como él.

Con Candela paso cada vez más tiempo. Hago cosas normales de un padre con su hija, pero que no había podido hacer antes con continuidad. Puedo llevarla al colegio, recogerla, ir con ella al cine, a comprar ropa... Creo que ha llegado el momento de dar el paso.

—Me gustaría tener la custodia compartida de la niña —le digo a su madre.

Hemos quedado para vernos y hablar de Candela.

No sé cómo será su reacción. Ya me dijo que sí era una buena idea que pasara más tiempo con la niña, pero esto va más allá. Espero otra vez su respuesta, con enorme sensación de vacío en el estómago.

—No hay problema —me dice—. Me parece perfecto.

Le agradezco otra vez su generosidad, porque podría haberme dicho que no. Está bien eso de que vea más a Candela, pero pedirle la custodia después de tanto tiempo de no haber estado con ella... Pero ella es tremendamente generosa conmigo. Y no tendría por qué.

Algunas veces, me gusta ir a los lugares que fueron importantes para mí cuando jugaba en el Granada. Pero hay uno, sin embargo, donde no volveré. Solo he estado una vez en Los Cármenes, desde el positivo. Fue hace años, en una de las visitas a Granada antes para pasar unos días con Candela.

—Papá, quiero ir a ver un partido del Granada en el estadio —me dijo.

Candela tenía unas ganas tremendas de ir al campo del equipo donde jugó su padre, como dice siempre.

—Está bien, vamos —le dije.

El día del partido, me sentí nervioso. Yo no iba a jugar, pero sí tenía una sensación parecida a cuando tenía que jugar. Aparcamos el coche cerca del estadio y nos fuimos cruzando con los aficionados hasta llegar el campo. La gente me reconoció. Todos me mostraron su cariño.

—¡Qué bueno verte por aquí! —me dijo una pareja mayor, que me hizo recordar a esa pareja de abuelos que siempre se sentaban en el mismo lado del campo cuando yo jugaba.

Después del partido, volvimos a casa. Candela estaba muy feliz.

—¡Tenemos que ir más papá! —me pidió ella.

Me gustó mucho ir con Candela al fútbol, compartir ese tiempo tan mágico con ella. Pero, durante el partido, viendo a los jugadores desde la grada, me vine abajo. Evité que Candela pudiera sentirlo, pero fue complicado para mí. No fue rabia, ni envidia. Simplemente me di cuenta de lo gilipollas que fui. Tuve algo con lo que casi todo el mundo sueña y yo lo perdí por no hacer bien las cosas. Por eso, mejor no volver. Lo dejaré así: un gran día con mi hija en el estadio que jugó su padre. Es mucho mejor dejarlo así.

Muchas veces me he hecho la misma pregunta: «¿Qué habría pasado de no haber cometido tantos errores?».

Todavía hoy, aunque estoy bien, me la sigo haciendo en algunas ocasiones. No sé si hubiera tenido una vida más feliz. Eso no lo sabré nunca, pero sí sé que podría haber dado una estabilidad a mis hijos que ahora no tienen. Es de lo que más me arrepiento.

Sinceramente, no me ha sido fácil llegar hasta aquí. Abrirme y contar hasta el final todo lo que me pasó y todos mis errores. Pero me he dado cuenta de que este libro no ha servido solo para contarlo y que la gente pueda conocerme a través de mis palabras. También me ha servido para cerrar definitivamente esa etapa de mi vida. Necesitaba sacarlo todo fuera.

Ha desaparecido la tormenta que he tenido encima tanto tiempo. Ahora solo me apetece vivir una vida nueva.

Pero esa historia, me la quedaré para mí.

ÍNDICE

Caer a lo más hondo

Oscuridad

Volver a empezar

Granada

Este libro se terminó de editar en Granada
en abril de 2024 por

Aliarediciones

www.aliarediciones.es

info@aliarediciones.es